大师绝响

张世林 编著

北京联合出版公司

ⓒ 张世林 2011

图书在版编目（CIP）数据

大师绝响/张世林编著. —北京：北京联合出版公司，2011.5

ISBN 978-7-5502-0261-0

Ⅰ．①大… Ⅱ．①张… Ⅲ．①随笔—作品集—中国—当代 Ⅳ．①I267.1

中国版本图书馆CIP数据核字（2011）第081875号

设计制作／智品书业 ZHIPIN BOOKS

大师绝响

作者：张世林

选题策划：智品书业（北京）有限公司

责任编辑：王巍

封面设计：翁涌

版式设计：梁定武

北京联合出版公司出版

（北京市朝阳区安华西里一区13号楼2层　　100011）

北京市通州富达印刷厂印刷　　新华书店经销

字数：107.5千字　　150mm×225mm　　1／16　　10印张

2011年7月第1版　2011年7月第1次印刷

印数：1—6000

书号：ISBN 978-7-5502-0261-0

定价：25.00元

前言

　　这是一本小书，但记述的确是一些大师们的事情，而且是一些很有趣的事情，是我从《大师的侧影》一书中辑录出来的。另外，又从我早些年编的《学林往事》一书中摘编了一些补充进来。书中记述的那些事情，大都是我在向他们组稿时听到的。可如今，这些大师们大都仙逝了。这些往事也就成为珍贵的史料了。我以为，这些史料不仅有趣，不可再得了，而且还能引发我们的思考。因为这些大师都可以说是不世出的人物。从这些趣事中，我们能明显地感受到大师们各自所处的时代特点，以及他们那鲜明的个性、渊博的学识、分明的爱憎、卓越的贡献。只可惜，他们的中年、最应该出成绩的时候，却被那个年代里太多的政治运动耽误了大好时光。但我是幸运的，因为我一开始投身编辑工作就进入了中华书局，先后参与了《书品》和《传统文化与现代化》杂志的创办和编辑工作，使我得以先后同这些大师们建立起了联系和友谊。可以豪不夸张地说，我那时经常外出拜访作者，有时一天要去六、七家，大都是骑自行车去。平时多靠通信联系。今天的编辑工作与我们那个时代确实是大不相同了，信息高速发达的结果，是编辑与作者基本不用见面和写信，只需打个电话或发送个邮件就可以解决了，确实是快捷和便利了，但是也失去了很多宝贵的东西。这在我看来确实是一个问题，因为文化是需要悉心培养的，会产生共鸣，发生承传的。编辑工作尤其如此！因为有很多选题和想法是在和作者聊天中生发出来的。不是拍拍脑袋就能有的。当然了，有许多趣事也是在这样的语境中说起和听到的。但现实状况如何呢？我不说大家也都看到了。一切向"钱"看，是出不来真正有价值的文化产品的。试想：作者只想赚钱，出版者一门心思想捞钱，他们都掉进了"钱眼里"，哪里还会有文化？又怎么承传呢？还是回过头来看看这些大师们的趣事吧。我敢说他们想得最多的是文化，是学术，是做人。这本书确实有趣，且已成绝响；固然可以轻松地读，却不能不深深地想：我们今天究竟应该从这些大师们身上学习些什么？我希望年轻的读者都能给自己提出这样的问题。

张世林

目录

钟敬文谈"成功"与"做事"

钟敬文先生在他撰写的《我与中国民俗学》一文中深情地回顾了自己长达七十多年的民俗学研究中所走过的坎坷历程后，写下了这样一段话："我从事民俗学的研究工作，已经七十多年了。虽然所经历的每个时期，都会有一些进步，但一下子达到豁然贯通境地的事情是没有的。学问、思想的进步，主要要凭不断地积累，而不是'弹指楼台'。我现在所悟到的一些道理，是'水到渠成'的结果，并不是一蹴而就的。我常对同志们说，我现在的一些比较成熟的意见，是多年来学习、探索的结果。现在有些青年同志，他们在态度上有些急躁，希望一夜之间学问就成熟了。这种心情是可以理解的。但是，却不是正常的态度。它忽视了学术成长的必需历程，只能是一种空想，一种虚幻之花。我要以过来人的身份，诚恳地告诫他们：只有服从规律，才能获得成功！"这语重心长的话语，揭示了积累和成功的规律，是钟老留给广大后学的宝贵的治学经验。

记得当我把中华书局刚刚出版的《学林春秋》送到钟老手上时，他拿过书认真地翻看后，对我说："真是出得又快又好！有时候干事情，不一定人多就好。你编这部书就你一个人吧，要是一个集体，反而不见得能编好。人多意见不容易统一，你想这么编，他想那么编，劲使不到一处，有时还互相掣肘。一个人虽然力量有限，但当你把力量发挥到极致，力量就是很大的。"我知道钟先生是在鼓励我，其实他本身又何尝不是如此呢。他以九十多岁的高龄，仍然在指导多达十几名博士生，还要关心学科的建设和发展，还要挤出时间写文章。对比他老人家，我们所做的还是太少了。

顾廷龙谈用"变天账"换美元

听顾老聊天，真是增广见闻的好机会。其中有不少的趣闻轶事。

有一次，他说到上海图书馆收藏"家谱"的事。"解放后不久，上图收集到了很多很多的'家谱'，但那时的馆领导对这堆'家谱'不感兴趣，不愿意收藏，准备把它们全部处理掉。我听说后便以极便宜的价格把这批'家谱'全部买了下来，拉到一个朋友刚刚借给我的一间大房子里，整整堆满了一屋子。到了'文化大革命'的时候，有人质问我为什么要收购这么多的'变天账'，更多的人也认为它们毫无用处。'文革'结束后，我又把这些'家谱'全部拉回了馆里。到了 80 年代，美国有一个'家谱协会'，听说我馆收藏了不少'家谱'，便派人专程来到上海，提出以每面多少美元的价格，要翻拍这些'家谱'。没想到我当时以公斤计价买下的这批'变天账'，一下子值了钱，给馆里赚了很多的美元。真是此一时，彼一时。"

除了"家谱"，顾老还不止一次地谈起过"抢救废纸"的工作。他说："1953 年左右，上图开展过这方面的工作。所谓废纸，其实都是一些人家不敢或不便收藏的极有价值的资料。我们就在那批废纸中抢救出大批的家谱和太平天国的粮串。所以，上图在这方面收藏较多。另外，还抢救出两部宋版书，一部是全的，交由南京图书馆保存；一部不全，是《五臣注文选》，交由北京图书馆（现国家图书馆）保存。那时的废纸，起码有一半都是很有价值的资料啊！不过那时在图书馆工作确实需要有一定的专业知识，否则，好东西放到你眼前，你也不识货啊。而现在的图书馆工作人员，只知道创收，动不动就向读者要钱，而业务上不要说懂古书，连古文都读不通，真是没办法。起码收藏古书的人要懂古书吧！"
九十多岁的老人还在为图书馆工作人员的业务能力操心呢。

顾廷龙的耳背与"耳聪目明"

　　晚年的顾老耳朵有点背，所以，我同他说话时声音要大一些，好像是右耳背得比较厉害，我总是坐在他的左边，他听起来方便一些。不过，每次能同顾老聊天，首先要感谢他家的小保姆在家给我们开门，要是他一人在家，任你怎么敲门，也只能是吃闭门羹。

　　有一次，事先已同顾老约好第二天早上九点去给他送书，他说在家等我。第二天赶到后，敲了半天门，就是没人应。我和同去的刘学成说，顾老不会出去散步了吧？明明是约好的啊！边说着，边走出楼道门来，准备去迎迎他老人家。顾老家住一层，出了楼道门，旁边就是他家的一扇窗户，离地面不是很高。学成说我爬上去看一看，顾老会不会在家听不见？他爬上去一看，说顾老就坐在客厅的沙发上看书呢。我也爬了上去，果然如此。我们就敲窗户，但他老人家连眼皮都没抬一下。无奈之下，我们只好站在门外等待。足足等了一个小时，他家的小保姆终于买菜回来了，这样我们才进了屋。他老人家见了，还说："不是说好九点来吗？我一直坐在这里看书等你。"真令人哭笑不得。

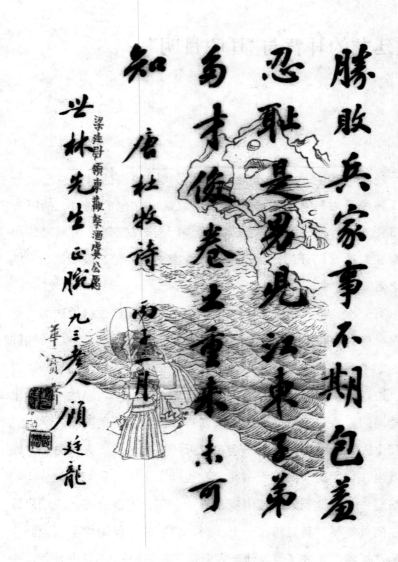

勝敗兵家事不期包羞

忍恥是男兒江東子弟

多才俊卷土重來未可

知 唐杜牧詩 丙子二月

岜林先生正腕

梁遝尉領東覲祭酒公愿

華寶章顧廷龍

大師絕响

勝敗兵家事不

期色羞忍恥是

男兒江東子弟

多才俊卷土重

來未可知

　唐杜牧詩

世林先生老友出試

我目力作此小幅聊

供粲正丙子二月

顧廷龍時年九十三

于北京之北苑

还有一次也是这样，坐在楼道边等了半天，也不见小保姆回来。正在焦急之时，他家楼上的一个邻居回来了，见了我们，问明情况后，说："我上去给他老人家打个电话，他能听到，会来开门的。"我们这才见到了顾老。

　　可也有例外的时候。那是 1996 年年初，我去看望他老人家，此前他回上海去了一段时间，给我开门的是他的儿媳妇，因为有一段时间没有见过面了，我便问："顾老这一段身体如何？""身体还好，就是听力好像不如以前了，你同他讲话时声音要高一点。"我听后又问："眼力还好吧？"其实，我们的这些谈话都被坐在一旁的顾老听进去了，只是他没有直接回答我。坐下后，我便同顾老聊了起来。这之后过了不到一个月，他老人家打电话叫我去一趟。我去了以后，他没说话，而是回身进书房里取出一个信封交给我。打开一看，里面有两张信纸，上面是他用毛笔小楷书写的唐代诗人杜牧的同一首七绝："胜败兵家事不期，包羞忍耻是男儿。江东子弟多才俊，卷土重来未可知。"我想起来了，有一回闲谈中，我说过很喜欢杜牧的这首诗。两幅手迹，第一幅上的字相对要大一些，而第二幅上的字要小很多，真可谓是蝇头小楷。更为特别的是，他老人家在诗的后面，又用更小的字写了一段跋："世林先生老友也，试我目力，作此小幅，聊供粲正。丙子二月，顾廷龙，时年九十三，于北京之北苑。"

　　由这件事可以见出，顾老的心是多么的细致啊！他老人家又是多么的风趣和儒雅啊！

缪钺先生给我的墨宝

那是在 1988 年，我曾请缪钺先生为我写几个字，他老人家不仅欣然同意，而且还工工整整地抄录了他的近作《鹊踏枝》词书赠给我。我如获至宝，请人裱好后放在书桌的玻璃板底下，每每细细品味，直如面对先生。1994 年 2 月底，忽接缪元朗先生来信，上说："近日整理书柜，得家祖父一手书条幅，乃是数年前为先生所书者。回忆当时，家祖父书成以后，自觉欠佳，遂另写一纸寄与先生，而将此幅交我保存。今附函寄上，请先生保留，想如此应更有意义，或许家祖父今后已无精力再写这样的条幅了。"原来，他老人家待我竟是这样真挚、谨严、一丝不苟。我把两张条幅放在一起，认真比对，没有发现写得欠佳的地方，可他老人家竟认真到如此地步。高风厚谊，令我感佩。每一念及，不禁唏嘘。

自缪老仙逝后，每当我坐在书桌前，总会默默地凝视着玻璃板下先生那秀丽、隽永的题词，一遍又一遍地吟诵着：

谁识兰成心独苦，哀罢江南，又复哀枯树。风信花期方细数，浓阴莫碍春来路。　　天下澄清空自许，不读离骚，且上高楼去。

依约黛痕相媚妩，西山近日无风雨。

　　能写出这样好词的老人，他会是什么样子呢？博学严谨，温文儒雅，参透古今，荣辱不惊。我想象中的缪老就是这个样子。

谁谂兰成心独苦衰罢江南又复衰
枯树风信花期方细数浓阴莫碾尽
东路天山澄清自许不读离骚
且上高楼去依约黛痕相媚妩 西山
近日无风雨
　　录近作鹊踏枝词左
世林同志雅秀印气 雨正
戊辰端阳日缪钺

周有光谈接触过的重要人物

"我写过一些随笔和杂记，有些还结集出版了，据说这些内容还有人看，所以在介绍我的时候，主要是介绍我写的这些东西。其实，我的主业根本不是这些，我写过很多专业方面的书，如关于语言方面的书，大都被译成多种外文在国外出版，有些至今还被一些大学用作教科书。但现在的读者对这些不太关心了，他们听说我曾经和爱因斯坦聊过天，于是对此很关心。如今，跟爱因斯坦聊过天的人确实不多了，我是和他闲聊过好几次呢，但他搞的专业我不懂，我们聊的内容并不重要，所以，我没有什么好写的。其实，我和许多重要人物都有过交往，比如和毛泽东、周恩来等，我和他们都谈过话，还照过相，但我从来都不挂出来，因为我又不搞政治，挂出他们来，我和别人怎么解释呢？"

"我在美国时，每个礼拜天，罗常培、老舍、李方桂都来我家聚餐。罗是满人，但他自己从未说过，我们都不知道。赵元任是我的老师一辈的人，和我是同乡，同住在常州的青果巷。我从年轻时就读他写的书，他是把外国语言学介绍到中国的第一人。我那时并不认识他，只是到了美国，才认识他的。我们常去看他，因为我的老伴张允和是他的学生，真正从他学习过。"

百岁老人周有光先生如是说。

周有光说张家四姐妹

说到张家四姐妹，周老说："她们那时名气很大，叶圣陶先生说过这么一句话：'谁娶了张家四姐妹中的一个，谁就会幸福一辈子。'"

"不过，张家四姐妹中，以四妹充和的国学底子最好。她小的时候是和奶奶在安徽老家单独过的，其他三个姐姐都跟父母去了苏州，进了新式学堂，接受新学教育。她们的奶奶本身很有文化，又很重视教育，家里又很有钱。她不让四妹去学校，而是请当时最好的国文教师到家里来教四妹一个人，所以，她从小接受了严格的国学训练，能诗、能书、能写、能画。只是奶奶不重视外语，这方面是欠缺的。虽然她没有上过小学和中学，但后来却以同等学力报考北京大学。考试的结果是，除了英语最差，其他文史各科都是最好的。按说外语不好，北大是不会录取的，但她却是破格录取的。她后来嫁给了美国著名的汉学家傅汉思，去了美国后应邀在耶鲁大学任教。胡适去美国时，就常到她家去，有时就住在她家。因为，胡和傅汉思是朋友。"

邓广铭认为传统文化首先应该现代化

我在编辑《传统文化与现代化》杂志时，曾多次拜访邓广铭老先生，一是为了听听他对"传统文化与现代化"这一问题的意见，以便我们改进工作；一是为了向他组稿，以丰富和提高刊物的内容和质量。其实，他那时手头的事特别多，主要是忙于修订他的四部大作——《王安石》、《岳飞传》、《陈龙川传》和《辛弃疾传》。他曾多次表示：要谢绝一切杂事，集中精力完成这四部书的修订工作。但当我同他谈到今天应该如何看待"传统文化与现代化"这一问题时，他却表现出了极大的兴致和关注。他说："这是一个热门话题。建设现代化当然离不开传统文化，但也离不开西方的科学技术。对于我们的传统文化，我看只能坚持批判地继承，不能说我们的传统文化什么都是好的，要对其进行具体的研究和分析。同时对于西方的东西，应该采取鲁迅先生的态度，实行拿来主义，为我所用，但不能全盘照搬。胡适先生早年主张全盘西化，到了后来，他改正了自己的这一观点，认为这是行不通的。但他坚持认为我们的传统文化首先应该现代化，这一点是非常重要的。"

听先生这么一讲，我便趁机提出："可否请您就此观点写一篇小文，千字左右即可。我正在编辑《传统文化与现代化》创刊三周年纪念册，您的这篇文章就发表在其中吧。"

先生听了后，点了点头说："这倒可以，我就以此来发挥一下吧。"仿佛把刚才同我说的要谢绝一切杂事都忘了似的。大概他认为这是正题，而非杂事吧。

很快，我便收到了他寄给我的文章，题目是《关于传统文化与现代化问题之我见》。等纪念册印出来后，我赶紧给先生送去。他看了后，连声称赞印得好。又说："关于这个问题，我本来有许多话要说，只是你当时限我写千字以内，只好就写那么多了。有人反对研究传统文化，认为传统文化与现代化没有联系。这怎么可能呢？传统文化就好比一个人的头上长的头发，不管你理什么样的发式，多么现代派的发式，首先你要长有头发，然后才能决定你理的发式。没有了头发，你又谈得上理什么发式呢？不研究传统文化，你又怎么能建设精神文明？怎么能实现现代化呢？"

先生用头发与发式关系的比喻，生动形象地说明了传统文化与现代化之间的关系，给我留下了深刻的印象。当然了，他既然认为这是一个重要的问题，就决不会仅仅停留在一般的谈论上，而是从历史的个案中寻找出一些值得我们今天认真研究借鉴的问题。他先为我刊写了《略论王安石"为天下理财"的主张及其实践》的长文（见《传统文化与现代化》1996年第4期），翔实地介绍了北宋改革家王安石围绕"理财"这一核心问题而实行的一系列政治改革的主张，并以大量的史实和数据证实了改革所取得的业绩。

过了几个月，他又撰写了《王安石统一中国的战略设想及其个人行藏》一文（见《传统文化与现代化》1997 年第 2 期），该文与上一篇实为姊妹篇，通过大量史实和事例，说明王安石作为一个杰出的政治家，他为北宋王朝能够统一中国不计个人得失，殚精竭虑，提出了一些切实可行的战略设想。

通过对这些历史事件的梳理和分析，邓先生不仅是要恢复王安石作为北宋杰出的改革政治家的本来面目，同时亦揭示了当时改革与保守两派势力之间的残酷斗争，王的两次罢相就是明证。

由此可见，邓先生研究历史，不仅仅是为了恢复历史的本来面目，更重要的还是为了引起今天人们的参考和借鉴。传统文化与现代化的关系就在这里。

邓广铭与《学林春秋》

　　1997 年，我正在全力地组织和编辑《学林春秋》这一部大书，想趁学术界中的一些老先生还健在，赶快请他们自己动手，把自己一生摸索和积累起来的宝贵的治学经验记录下来，传给后人。当我把这一想法讲给邓广铭老先生听后，他非常高兴，说："我支持你的这一想法，这确实是一件大事，是应该尽快做的。你准备让我做什么呢？"

　　我说："我已经给您想好了一个题目，而且这个题目还是非您莫属，就是《我和宋史》。"

　　"这个题目确实应该由我来写，我也有话要说。尽管我手头要写的东西很多，但我答应你，争取先写出这一篇。"

　　可是，在这之后不久，先生就因病住进了医院。在住院期间，先生还一直思考着这篇文章。我有一次曾向先生的女儿邓小南询问他的病情，她告诉我，他的病很严重，只是他自己并不知道，他还一直在说要赶紧出院给张世林写文章呢。多好的先生啊！1998 年 1 月 9 日的上午，我去医院看望先生，当时他已经昏迷不醒了。第二天，他老人家就永远地离开了我们。在我同先生长达十多年的交往中，他还是头一次爽约未能按时交稿，而且是永远也拿不到先生的稿子了。每念及此，不禁悲从中来。《学林春秋》中不能没有先生的稿子啊！缺了先生，就等于书中整个宋代部分都付之阙如了啊！虽然中华书局1998年版的《学林春秋》中没有先生的文章，但我一直不甘心，总认为先生一生致力于宋代历史和文学的研究，一定写过这方面的文章。为此，我曾同邓小南先生联系过，希望她再找找。

直到1999年的2月，我去北大参加纪念邓先生逝世一周年的大会，会上先生的长女邓可因在发言中提到——90年代初的一天，父亲不知为什么，把我叫到身边，说要口述一篇自述文章，由我记录整理。文章整理好后，送给父亲修改过目，但他改定后，一直没让发表。前些天整理父亲的遗物，从箱子底下翻出了这篇文章。言者无意，闻者有心。待大会一散，我赶忙找到邓可因先生，说我很想要来这篇文章看看。待我收到她寄来的文章打开一看，真让我喜出望外，题目竟是《我和辛稼轩的因缘是怎样结成的》，正与我的要求暗合。内容刚好讲述了他研究辛稼轩的始末和心得体会，完全符合《学林春秋》一书的编辑体例和要求。真是天遂人愿！又似乎冥冥之中，先生还在给我以帮助和支持。于是，我便把先生的这篇遗作补入朝华出版社1999年版《学林春秋》（初编）中了，既了却了自己的一桩心愿，也是对先生最好的纪念。

吴宗济缘何离开史语所

吴老说："我是 1935 年即清华大学毕业后的第二年在北平考入史语所的。离开的时候是 1940 年，当时史语所在昆明，原因则是因为与所长傅斯年先生赌气。那时，我和凌纯声、陶孟和等人在外面编了一本杂志——《西南边疆半月刊》，我任主编，一共出版了七期。有一天所长傅斯年来找我，他已经知道了我在外面编杂志的事，故对我说，给你两个选择：要么留在所里，不再编杂志了；要么编你的杂志，人离开所里。傅这个人很霸气，我的导师赵元任先生就是因为与他不和才离开史语所去了美国的。我那时年轻，加之外面有人希望我能去他们那里工作，于是，我一赌气，第二天便向傅递交了辞呈离开了史语所。"

吴宗济逃过"反右"一劫

　　1956年，吴宗济在其恩师罗常培的召唤下，从上海来到北京，进入了语言研究所，时罗先生任所长。早在1933年，在北大任教的罗先生应清华大学之约在该校开设"中国音韵沿革"课程，一共讲了半年，吴先生选了他的课。从此二人结下了师生之谊。新中国成立后，罗先生一直在打听吴的下落，直到1956年才把他调进语言所，吴先生说自己总算归了队。第二年即1957年，当时中国和捷克两国决定互相交换研究人员，语言所只有一个名额，罗先生指派吴先生去。那时国内"反右"运动已经开始，正在批判"章罗联盟"（指所谓的章伯钧和罗隆基"反党联盟"），吴说："此前我已参加过几次会议，给共产党提过一些意见，而且我那时已加入农工民主党，主席就是章伯钧。在我临出国的前一天，所里召开批判章的大会，我参加了，还在会上发言，为章抱不平。结果有人把我的发言整理出来，准备第二天上午九点开会批判我。这些事我并不知道，因为已定好我第二天一早出国，所以那天早上七点我就去了北京火车站上了火车。到了八点，准备批判我的人来到所里找我，当时所长罗先生病了，由副所长吕叔湘主事，他为人很厚道，对来人说我已经上了火车，来人一听让赶快把我叫回来。吕先生则说他既然已经走了，就不要叫回来了，干脆等他出国回来后再补课吧！就这样，等我十个月后回国时，'反右'这阵风已经刮过去了，我算是逃过了这一劫。"

张岱年谈胞兄张申府

张岱年老先生同我聊天中会谈起一些过去的人和事，给我留下较深印象的是他讲他的大哥张申府。他说："他叫张崧年，字申府，参加革命后便以字行。他比我大16岁，活了93岁。"

我说："听说张申府先生是中国共产党的创始人之一，还是周恩来的入党介绍人呢。是这样吗？"

"是的。"

"我还听说当年毛泽东在北大图书馆工作时，章士钊曾提出给毛加薪，但申府先生认为毛的字写得太潦草，他抄写的图书卡片有人反映不认识，所以不同意加薪。有这回事吗？"

"加薪的事我倒没听说，而家兄确实有几次让毛重新填写卡片，嫌他的字潦草，不好认。那时北大图书馆的馆长是李大钊先生，家兄是他的助手，负责处理一些日常事务。和章士钊相比，家兄太不会看人了，他就没有看出日后毛泽东的发展来。而章士钊会看相，听说杨开慧的父亲就曾问过章士钊，你看我女儿这个男朋友今后会怎样？章答说毛将来是个人物，前途不可限量啊！因为这一点，解放以后毛一直对章很好。

"1948年解放战争后期，家兄写了一篇文章呼吁'和平'，就是这篇文章让他犯了错。毛看了这篇文章很生气，认为他是在帮蒋介石的忙。其实，当时有一批文化人写劝国共和平的文章，再加上当时生活比较困难，那家报纸答应家兄写这篇文章给三千元的稿费。为了这件事，解放后家兄曾给周恩来总理写信承认错误。周回信说，你目前只有两条出路：一是回北大当教授、教书；一是当研究员。除此之外，没有其他的出路。家兄想自己犯了这样的错误，回北大当教授，估计学生不好惹，于是决定去当研究员，后来去了北京图书馆。这就是他解放后的情况。"

大师绝响

杨向奎谈哲学与科学

　　杨向奎曾出版过一本大著，名字就叫《哲学与科学》。他老人家还亲笔题名送了我一本。回家后打开来一看，里面尽是"符号"和各种计算公式，浅薄如我，怎么能看得懂呢？

　　他告诉我："我以前是搞历史的，后来想搞哲学，可搞哲学就离不开自然科学，所以，自60年代初起，我就开始研究物理和数学。说起来这里面还有一段故事呢。当时，林彪曾让我给他讲讲哲学，讲过后，我给他写过几本讲哲学的小册子。后来，到了'文化大革命'的时候，他却下令把我给关起来了，整整关了我四年。关押期间，古书当然不能读了，但外文书却是可以读的。说来好笑，那时候，王府井外文书店里有好多介绍外国最新自然科学的书籍，因为怕外国人说我们是'海盗版'吧，所以，外文书店不让外国人进，却让中国人进。我的老伴懂英语，于是就让她到外文书店给我买回这方面的书。我的女儿在美国，也给我寄回过这方面的书。这样，我就利用这段时间阅读了大量这方面的图书，收获很大。1980年我访问美国，在一些大学的演讲中，我提出了'哲学和自然科学'的问题，特别是我提出了对'熵'的新看法，曾引起很大的轰动。由此我想，要想搞哲学，不懂得自然科学是绝不行的。"别看杨老说这话时已是八十多岁的老人了，但他的思维和认识还是蛮超前的。许多年轻人还没有他老人家这样的认识和实践呢！

杨向奎说张政烺和丁声树

　　杨向奎有一次聊天时说道："张政烺先生对版本目录是很熟的，他不仅熟悉书的皮子，而且还熟悉书的内容。40 年代北大图书馆购进那么多的善本书，主要就是因为张先生识货啊！张先生大学毕业后便到中央研究院史语所，一直从事图书采购工作，过手的书很多，所以，他对版本是很熟的。有一次，傅孟真（斯年）买到一部宋版《史记》，他对我们讲这书有什么什么特点，从版刻、用纸到行款等方面看应该是一部宋版书。但说完这些，他又加上一句：'不过，我说了不算数，要等张政烺看过，他说是宋版才算数。'要知道，傅可是张的老师啊！那个时候，张政烺不过才二十多岁，可见他在这方面的地位。傅对张虽然很器重，但却让张做了整整十年的图书管理员，并没有提拔张先生做副研究员或研究员。所以，张先生在中研院不仅职称没有提，而且薪水也很低。张先生是山东人，为人很老实，不会和人计较。一直到了 1946 年，有一天，我正在所里，看到张先生去傅的办公室找他理论这件事。可张先生这人不会说这种话，他没有好好讲自己干了这么多年，都取得了哪些成就，应该提级等等，而是一进门，用手指着傅说：

'我干了十年图书采购员的工作，你都没有给我提过级，我今天真想揍你一顿。'张先生是山东大汉，那傅先生也是山东聊城人，更是人高马大，体重有二百多斤。傅先生听后便说：'凭我的块头和力气，加上我出手又快，若论打架，你打得过我吗？'你看看，这两个山东人多有意思。

"究竟为什么傅器重张先生却又不肯提拔他呢？说穿了，就是傅和胡适都有严重的崇洋思想。凡是留学回来的，他们才提拔；没留过学的，他们就不提拔。同样为傅所器重的丁声树先生，他的确很用功，记忆力很强，更因其留过洋，所以，傅很快就把丁提拔成研究员了。1946年，傅任北大代校长时，在聘用教授上还是坚持其一贯的崇洋思想，凡留过洋的他就聘为教授，如周一良就接到了教授的聘书；凡没有留过洋的只能聘为副教授，如邓广铭和张政烺接到的都是副教授的聘书。可是这回，张先生不接受了，他掏出了清华大学的聘书，告之清华已正式聘我为教授了。傅看过后，只好又聘张为教授，因为他确实不舍得放走张先生。

"当然了，傅和胡崇洋也不是没有原因的。那时，中国和美国相比，确实相差太远了。加之在学术上，傅和胡都接受了西方的一些新思想和新方法，据此来研究、整理国学，出了一大批成果。所以，他们重用留过洋的人。

"丁声树和张政烺两人，那时候被人们称为史语所的双璧。丁先生这个人做学问很用功，他把整本的《大英字典》和《康熙字典》都背过。加之他留过洋，傅斯年确实很器重他，只用了三年的时间就把他提升为研究员了。这在史语所的历史上是绝无仅有的。傅很信任他，有些重要的事都是让他去办。抗战时期，中研院史语所迁到了四川的李庄，傅的老师陈独秀那时很不得志，正隐居在四川的江津，生活拮据。傅知道后便派丁去江津，拟请陈来中研院里工作。但陈考虑到中研院实际上是国民党的一个机构，便没有答应。

"丁先生这个人为人很谦虚，从不会张扬自己。他和张政烺一样，都是年轻时太用功，结果用脑过度，老年反而都傻了。丁生病住院后，我曾去看过他几次。先头我去，在他耳边大声喊：'杨向奎来看你了。'他听后还会'哦'一声。后来再去看他，喊过之后，他连反应都没有了。如今，张先生在医院里也有些傻了。真是太可惜了！"

钱锺书说钱穆

　　钱锺书先生是一个挺随和的人，特别是对年轻人，不像人们想象的那样不好接触。每次我去看望他们，有时是先生来开门，见是我便高兴地让进客厅，还亲自给我倒茶。我知道他的时间很宝贵，把要办的事或要说的话赶紧办完、说完，就准备告辞。但他有时并没有要我走的意思，而是坐在旁边的一张躺椅上和我谈天。先生又是一个很健谈的人，有时他一谈就是半个小时或四十分钟，我在一边静静地听，一句话也插不上。他讲完了，便站起来说："今天就谈这些。你还有事吗？"我这才慌忙起身告辞。先生同我讲的那些话，只可惜我当时没能记录下来，因为有些我也听不大懂。但有一次谈到钱穆先生，却给我留下了深刻的印象。他说："他岁数比我大，但若按家谱算，我辈分比他高。今年（可能是1989年）正值苏州建城两千五百年，中央出于统战工作的需要，想请他回大陆看看。由谁去信邀请呢？于是便想到了我。一位领导出面，要我写这封信。依我对他的了解，我相信他接到我的信也是决不会回来的。有可能还会来个反统战。我说出了我的考虑，但来人坚持要写。没办法，我只好写了信。可是，果不其然，没过多久，我给他的信连同他的声明就在香港的一家报纸上发表了。我知道他是决不会和中共合作的。"我想，依先生之世事洞明，他是不愿意写这封信的。可惜的是，两位先生均已作古，看不到今天两岸的关系发生了多么大的变化了。

钱锺书让我帮他借《中华大藏经》

　　钱锺书先生是一个博览群书、学贯中西的人。这方面的事见诸报道的已经很多了，我只想举一件亲身经历过的事。有一天先生给我打电话说："从《书品》上得知，中华书局出版了《中华大藏经》的前 50 册，你下次来时方便的话，可否将前 5 册带我一阅？"没过几天，我便将这厚重的五本书带给了先生。过了不到两个礼拜的时间，又接到了先生的电话，要我再给他借去 6-10 册。我把书交给先生后，他告诉我："前 5 册已经看完了，你带回去吧。以后我每次就借 5 册。"要知道该书是影印本，大 16 开，精装。这么快，先生就看完了？先生见状，又补了一句："我这已经是第四次看《大藏经》了。"听完后我心想，《中华大藏经》全部出齐要有 220 巨册，甭说看四遍了，连一本都看不明白。走出门来，我还在想先生是不是夸张了呢？不过，我还是每隔十几天便去先生家送去新的 5 册，取回看过的 5 册。就这样，我帮先生借了一段时间的书。

　　先生去世以后，他的挚友李慎之写过一篇悼念他的文章——《石在，火是不会灭的》，其中，记下了这样一个情节：躺在病床上的先生对前来看望他的好友说：我这一辈子没有什么可遗憾的了，东方的大经大典我看过了，西方的大经大典我也看过了。听了这话以后，李先生感慨道：环顾宇内，今天的学人有谁能说出这样的话呢！读到这里，我好惭愧！我只能为先生借书，却根本读不懂先生这部大书！

周振甫与钱锺书的交往

　　说到周振甫先生和钱锺书先生的交往，那还得从 1947 年说起。当时钱先生的名著《谈艺录》交由开明书店出版。王伯祥、叶圣陶两先生阅过后便发排了。校样出来后指定由周先生和华元龙两人负责校对。周先生不仅仔细校对，见原书无目录，不便读者检索，遂编了一个目录，请钱先生审定。结果，钱先生直接采用了。这可不是一个普通的目录，对《谈艺录》这样的大作不读懂、不读通，焉能立目。故钱先生在该书序中写道："周君并为标立目次，以便翻检。底下短书，重累良友浪抛心力，尤所感愧。"书出版后，钱先生又在送给他的那本书上题道："校书者非如观世音之具千手千眼不可。此作蒙振甫道兄雠勘，得免于大舛错，拜赐多矣。七月十日翻检一过后，正若干字，申论若干处，未敢谓毫发无憾也。即过录于此册上以贻，振甫匡我之所未逮。幸甚幸甚。"从此，两位先生结下了深厚的友谊。有趣的是，时隔三十七年后，即 1984 年中华书局出版《谈艺录》增订本时，周先生又做了该书的责任编辑。钱先生特在"引言"中指出："审定全稿者为周君振甫。当时原书付印，君实理董之，余始得与定交。三十五年间，人物浪淘，著述薪积。何意陈编，未遭弃置，切磋拂拭，尤仰故人。诵'卬须我友'之句，欣慨交心矣。"该书出版后，钱先生在送给他的那一本上又题道："此书订正，实出振甫道兄督诱。余敬谢不敏，而君强聒不舍。余戏谓：谚云'烈女怕缠夫'者，非耶？识此以为他日乞分谤之券。"原来该书的增订和出版也与周先生的从旁敦促有一定的关系。

而在此前由中华书局出版的钱先生的皇皇巨著《管锥编》也与周先生有着密不可分的关联。约在 1975 年，钱先生写出了该书的初稿，拟听听意见后再加修改。钱先生当时就想到了周先生。约好见面后，钱先生即拿出手稿交与周先生，请他带回去看看，提提意见。周先生回去后便对稿中的中文部分进行了仔细认真的研读，并帮助核对了稿中的部分引文。在此基础上，他除了将发现的一些问题直接标示在稿件上以外，又另纸写了一份"补充意见"，并再次为该书编了一个细目。他谦虚地将自己所提的意见称之为"不贤识小"罢了。那么，这"不贤识小"到底是些什么呢？笔者在撰文前曾有幸翻阅过当年周先生对《管锥编》原稿阅后写的一份"意见"，即上面说过的他另纸写的"补充意见"。该"意见"皆为周先生用蝇头小字写于 16 开稿纸上，竟厚厚成册。上面记下了他在仔细研读书稿后就其中的一些条目提出的一些意见或建议。该"意见"在该书发稿前曾送钱先生本人阅过，钱先生对这些意见十分重视，遂在周先生所提每条意见旁边批上自己的意见。这真是一份十分珍贵的出版史料，拿在手上感到沉甸甸的。下面便披露其中的几则，以见两位大师的睿智和高谊。

对《管锥编》中《周易正义·系辞》"知几"条，周先生写了如下的意见：

几：孔疏："几者离无入有，是有初之微。"入有是已入于有，特是有之微者。有是已成形，有之微者是未成形而微露端倪，易被忽视而还是可见的。注："几者去无入有，理而无形，不可以名寻，不可以形睹者也。唯神也……故能朗然玄照，鉴于未形也。合抱之木，起于微末，吉凶之彰，始于微兆。"这里说几是无形不可见，既是无形而不见未形，那么还是属于无，没有去无入有。既说"去无入有"，又说"无形"不可见，是否矛盾。既然无形不可见，又说"合抱之木起于微末"，木的微末是有而非无，是可见而非不可见。《易》："几者动之微，吉之先见者也。"还是可见的。无形不可见之说是否不确。疏："几，微也，是已动之微，动谓心动事动。初动之时，其理未著，唯纤维而已。若其已著之后，则心事显露，不得为几；若未动之前，又寂然顿无，兼亦不得称几也。"照此说来看引的诗，"'江动将崩未崩石'，石之将崩已著，特尚未崩耳，不得为几也。"将崩未崩，似即"初动之时，其理未著，唯纤维而已。"诗人从未著的纤维中看到将动，是否就是几。"盘马弯弓惜不发"，虽发之理未著，唯发之纤维而已，是否就是几。又将动未动与引而不发，与"雪含欲下不下意，梅作将开未开色"，实际相同，一作非几，一作几，不好理解，倘均作几，就好懂了。

周先生对这一条做了如此缜密而精确的辨析和论述，非有一定学识不能为也，真不能不令人叹服。钱先生阅了这条意见后在下面批道：

此评《注》、《疏》之矛盾，精密极矣！非谓之"大鸣"不可。

已增入并借大名增重，不敢掠美也。

对于周先生的意见，钱先生不仅十分尊重，而且还直接增入自己的著述中，并写明为"周君振甫谓韩注多语病"云云。

对《列子·张湛注》中"黄帝"神游条，周先生指出：

列子御风，《庄子》列苏三家所说似三种而非一。《庄子》云："此虽免乎行，犹有所待者也。"郭象注："非风则不得行，斯必有待也，唯无所乘者为无待耳"，比无所不乘者低一等。注称"得风仙之道"。列称："心凝形释，骨肉都融，不觉形之所倚，足之所履。"注："神凝形废，无待于外。"庄以列御寇为有待，而列以为无待；庄注以列为得风仙之道，而列以彼超于得风仙之道。苏称："子独不见夫众人乎？贫者……为履……展，富者……为辐……服，因物之自然以致千里，此与吾初无异也，而何谓不同乎？苟非其理，……"苏认为列子御风同乎穿鞋步行乘车行远。而庄则以列得风仙之道可以飞行，不同乎步行及乘车，步行乘车之理不同乎御风之理。如苏说，苟非其理则折趾毁体，以步行乘车之理说御风，即以常人之理看风仙，则被风刮到云霄而入坎井非死亡不止，此苏之所谓理不可通于庄之风仙之理者一。列书中则已由有待而入于无待，"形奚所倚，足奚所履"，不必有所倚所履而无不逍遥，则已超风仙而入至人之域，已非风仙之理所能限，而苏方以之同于穿履乘车之理，此苏说不同于列者二。苏混常人之理与风仙之理与至人之理而同之，此其说或不可通欤？常人之理唯物的，风仙之理与至人之理唯心的，是混唯物与唯心而一之矣。

钱先生看过这一条后，又在旁边批道：

此又公之精思妙解，已又增入"周君振甫曰"一节。

当然，有些意见，钱先生即便不完全同意，也都一一作了具体说明。如对《毛诗正义·七月》"伤春"诗条，周先生提出：

"春日迟迟，采蘩祁祁，女心伤悲，殆及公子同归。"余冠英先生注："是说怕被公子强迫带回家去。"本书引《笺》："始有与公子同归之志，欲嫁焉。"女与公子地位悬殊，"欲嫁"之说与今日读者之理解抵触，以"伤悲"为"思男"，亦同样抵触。此处是否可先批《传》《笺》之误，然后转入《正义》言时令感人之说亦有可取，与下文相贯。

对于周先生的这一意见，钱先生作了如下说明：

此意见前次阅稿时已言之，弟非饰非拒谏也，以余公之解乃"张茂先我所不解"也。"怕被迫……"殆如《三笑》中之王飞虎抢亲耶？诗中无有也。"殆"可通"惮"耶？古之小学经传未见也。"地位悬殊"则不"欲嫁"耶？封建时代女子而得入高门，婢妾而为后妃者，史不绝书，戏曲小说不绝写，至今世乡间女郎欲嫁都市高干者当比之也。郑、孔之注未必当，但谓之不切实际不可也。余解欲抬高劳动妇女，用心甚美，然不啻欲抬高王安石、李贽而称之为"法家"矣。下文又曰："为公子裳"，"为公子裘"，则此女虽"怕"而终"被迫"乎？见曹植《美女篇》便知采桑女郎正亦名贵也。

上举数例只是其中的一小部分，通过这些，我们正可以见出两位大师对于学术研究的一丝不苟。特别是作为责任编辑的周先生，他对于一部书稿，不仅认真仔细阅读，而且帮助作者核对引

文资料，将发现的问题和自己的认识无保留地提供给作者，为提高书稿质量尽了力，做出了贡献。这绝不是任何一个责任编辑都能做得到的。无怪乎钱先生指名要让周先生做《管锥编》的责任编辑。这不仅仅是出于友谊，更重要的还是出于了解和信任。钱先生对于周先生所提意见，不仅逐条批阅，酌选入正文，而且还在该书"序言"中写道："命笔之时，数请益于周君振甫，小叩辄发大鸣，实归不负虚往，良朋嘉惠，并志简端。"表现了作者对编辑工作的感激和敬重之情。

更为有趣的是，周先生在编校《管锥编》的同时，正赶上他的旧作《诗词例话》在修订补充当中，他见钱先生稿中有关诗词的论述极为精要，对自己颇有启发，便将这些材料摘录下来补充到自己的书中，并说明：此次修订补充采用了钱先生《管锥编》手稿中的一些内容。之后，他把《诗词例话》增订稿送钱先生指正。钱先生不仅同意他采录自己稿中的内容，而且指出书中"形象思维"一节尚有不足，于是将自己所著《冯注玉谿生诗集诠评》中论《锦瑟》诗未刊稿抄给他，以作为对"形象思维"一节的补充。结果，《诗词例话》面世后，钱先生的《管锥编》尚未刊行。香港一家大学有人看到周著中引用了钱著《管锥编》的内容，即将这些内容一一抄出，在校刊上专文发表。同时，台湾亦翻印了《诗词例话》，并摘印了有关钱文的内容，后又传入美国等地。海内外读者这才了解到钱先生还有这样一部大作即将出版，于是争相传说，企盼早日面世。这也可说是当时文坛中的一段佳话。

周振甫的谦虚

　　1983 年，中华书局与中国出版工作者协会准备联合召开祝贺周先生从事编辑工作五十周年茶话会，他闻讯后，忙去信婉辞，并在信中举例说，自己早先也想调动工作，联系过几个单位没成，说明五十年中自己并不是安心于编辑工作，因此，不应开会祝贺。及至茶话会如期召开，到会的许多领导和学者纷纷发言，盛赞他在从事编辑工作五十年中，甘为他人作嫁衣，堪称编辑工作者的楷模时，他又站起来纠正道："说我从事编辑工作五十年，这是个虚数。十年动乱中，我在干校放牛，这大概就不能算作编辑工作的。"他的发言引起全场一片笑声。没有办法，他就是这么一个谦虚惯了的人。还是钱锺书先生最了解他，钱先生在会上发言时说："我觉得人受到表扬往往有两种反应，一种是洋洋得意，尾巴翘起；一种是惭愧难言，局促不安。振甫属于后一种。我完全了解他，我知道他听了那么多赞誉之言后一定是局促不安得很。"

　　先生虽然是这样的谦虚，但对于晚辈，哪怕你在工作中只取得了一点点的成绩，他也总是不忘给予热情的鼓励。1999 年末，我主编的六卷本《学林春秋》出版后，因为上面收有先生的文章，他嘱我出版后不要稿费，全部折成书寄给他。他收到书后，却给我寄来一封信。他在信中对我编这套书给予了极高的评价，接连用了两个"真不可及"，又在结尾处写道："我虽做了编辑工作，但在编辑思想、约稿对象、催稿工作、校对方面皆不如先生，读了卷首言，真自感惭愧。"他为了表扬和鼓励我，竟说自己不如我，真让我汗颜。但同时，也使我真切地感受到了先生给我的关爱和勉励。因为，先生是我心中的楷模，我们都应该像他那样，做好手中的编辑工作。

于道泉趣闻一则

几天前我去看望王尧先生，因为好久没见了，聊得很开心。他给我讲了许多他的恩师于道泉的事情，其中有些很沉重，也不乏很有趣的轶事。先披露一则如下。

新中国成立后，于先生由国外回到了北京，作为一名二十年代入党的老党员，他为投身新社会、迎来新生活万分高兴。他对老伴说：我去国这些年，一直是你照顾家和孩子，付出了很多，我很感谢你。但如今是新社会了，都要自食其力，不能剥削。为此，我想好了，你也要做点事，由我给你发工资。做什么呢？我买一只母羊，你每天到外面去放养。老伴无奈，只好接受。于是，邻居们每天都会看到于师母到校外去放羊。遇到下雨天怎么办呢？于先生便买了两件雨衣，一件给师母穿，一件披到羊身上。当时，塑料雨衣还是稀罕物，红红绿绿的，十分鲜艳。这一下子成了人们眼中的一道风景线。特别是后来，于先生听说听音乐能助于母羊产奶，他又买来半导体收音机，叫老伴跨上它，一边放音乐，一边放羊。遂成为当时的奇谈。

季羡林的"君子一诺"

2000 年我调入了新世界出版社。由于此前我一直忙于编辑出版带有"抢救"性质的《学林春秋》与《学林往事》这两部成于众多学者之手的大书，现在进入了一个新的出版环境，虽然"抢救"的理念还扎根于我的头脑之中，但我想将过去那种一篇一篇组织文章，然后再编辑成书的做法，换成直接组织一本一本的书出版。我把这一想法同当时的总编辑周奎杰先生谈了，她十分赞成，问我有没有合适的作者，我自然又想到了季先生。于是，我们俩一起去拜访了他老人家。他听了我们的想法后，居然也十分赞成，并答应将 2000 年全年所写的文章，除了《龟兹焉耆佛教史》一文外，交由我们编辑出版。那时候希望能给先生出书的出版社多着呢，可他还是先满足了我们的要求。为了不辜负先生的美意，也为了向先生的九十华诞献礼，几经努力，我们以最快的速度和较好的质量将他的这部自选集《千禧文存》出版了。先生拿到这部书后很高兴，认为是出得又快又好。我们则从这部书的顺利出版得到了两点启示：既然季先生的这第一本书一炮打响，我们干脆多组织一些老先生的书稿，陆续推出。既然是陆续推出，不如编一套丛书，即以先生的《千禧文存》为滥觞，将老先生们的书稿都放到其中，这样影响会大些。带着这一想法，我先后拜访了张岱年、侯仁之、周一良、何兹全、任继愈、金开诚等老先生，在征得他们的同意和支持后，最终确定采用"名家心语"丛书的名字。做好了这些工作后，我又去看望了季先生，把上面这些情况一一汇报，并提出希望他老人家能为这套丛书写一篇总序。他为自己能带这样一个好头，让老朋友们都积极出书而感到特别的高兴，当然也就爽快地答应写序了。我又趁机提出，希望他能继续将2001年所写的文章结集由我们出版。先生也答应了。其后他为丛书写的总序交来了，第一辑、第二辑丛书十部陆续出版了。接着他将2001年所写的文章结集为《新纪元文存》交给了我，于2002年6月顺利出版了。从这以后，先生允诺后面的文集都交我出版。但自2001年的下半年开始，先生的身体出现了一些问题，此后陆陆续续住了好几次医院，影响了先生的正常写作。但他仍然按照先前的允诺，在2003年将此前撰写的文章结集交我出版。我将这些文章编好排印出来后，发现薄了些，先生说等我再写一些文章补进去后再出版。可谁知，此后他的病情加重了，又住进了301医院，一直没能出院。出书一事就这样搁置下来了。

先生虽然人住进了医院，身体有这样或那样的毛病，但脑子却还是难得糊涂，一辈子舞笔弄墨惯了，即便在医院里，除了接受医生的治疗外，还是坚持笔耕不辍。这样，一直到了2006年的10月，先生将先前那部分文章加上新写的一共九十多篇结为一集，定名为《病榻杂记》，准备出版。此时，我因工作需要，已调至香港的一家出版社工作。而内地关心、惦记出版先生书稿的人真是太多了，这其中不仅有大社、名社，而且还都开出了特别优惠的条件，据报纸披露，竟有近五十家出版社在竞争这部书稿。面对这样一种状况，加之我又远在香港，特别是考虑到我也不可能给先生提供什么优惠的条件，我的心里真的没了底。当然，即便如此，我也不愿放弃。我从香港给先生的助手李老师打电话了解情况，结果却让我异常感动。她告诉我，先生对所有前来求稿的人说："谢谢你们的好意！我已经答应张世林了。君子一诺！"就这样，我不仅拿到了这部大作，而且先生还把简体字和繁体字两种版权同时授权给了我。这就是季先生！他把友情和诺言看得比什么都重！我从这件事情更加感受到了先生品格的伟大！先生是在教我们学做人啊！为了不辜负先生的厚爱，我只用了两个多月的时间，就先后出版了繁、简两种文本。当我把样书送到他老人家的面前时，他拿起书仔细地看过后，高兴地对我说："书出得是又快又好，交给你我就放心了。"听到先生这样的评价，真是比得到什么奖励都值得。一高兴我问道："您说的'君子一诺'，是管一时还是管一世？"他肯定地说："管一世。"我认为先生对我的帮助和教育确实让我受用终生。

季羡林谈蔡元培及其他

　　季先生常常会提到一些前辈学者，他说过："在北大的历任校长中，我最佩服的就是蔡元培先生。是他提出了'兼容并包'的办学思想，把各种人才聘请到北大来任教，梁漱溟和陈独秀都是他聘来的。也是他，第一个在北大招收女生。他为北大的发展做出了不可磨灭的贡献。在学者中我最佩服的是陈寅恪先生，他提出的'独立之精神，自由之思想'，在那个时代可以说无人能做到，但陈先生做到了。我入清华大学后，也曾选修过两位老师的课，一是陈先生开的佛教方面的课，使我受益终生啊！说到陈先生，我至今还有一个疑问，那就是 1946 年我回国后，是他把我介绍给北大的。按说他那时在清华任教，我也是清华毕业的，他为什么不介绍我去清华而介绍去北大呢？也许因为他在清华，不便介绍我去？也许因为他跟胡适和傅斯年是好朋友？总之，我一直没弄清楚。二是选了朱光潜先生开的美学方面的课。那时朱先生刚从国外留学回来不久，在清华主讲西方美学，很吸引人，我一直听他的课。后来院系调整，朱先生来到北大担任西语系主任，我那时恰在北大东语系任主任，我们两个系在一个楼同一层办公。只要朱先生讲课，我能腾得出时间，就一定上楼去听他的课。"

我说："听王尧先生讲，您同他的老师于道泉先生也很熟。"

说到于先生，季先生又接着说下去："于先生是个天才，他早年接待过印度来华访问的大学者泰戈尔，他为泰做翻译，深得泰的赏识。于是，泰提出要于随他回印度去参与创办国际大学，并说已就这一想法正式向中国政府提出合作请求。当时，于已考取了赴美留学生，但他接受了泰的邀请，决定不去美国留学了。他的这一决定令老父亲无法接受，遂宣布不认他这个儿子，亦不让他回家。而当时的国民政府对泰戈尔提出的共同创办国际大学的建议并不重视，致使这一想法无法实现。结果害了于道泉，他既未能去美国留学，又没能随泰戈尔赴印度办学，而是去雍和宫当了喇嘛，学习藏传佛教，当时人称'于喇嘛'。说于先生是个天才，是说他的头脑里有许多天才的想法，只是他自己无法管住头脑里的这些想法，任由它们东冒一下，西冒一下。其实，要是能够管住这些想法，他会取得很大的成就的。他早年曾投身革命，后来却立志向学，在佛学研究等领域造诣颇深。汤用彤先生曾代表北大聘请他来教授佛学。后来我作为东语系主任亦曾给他发过聘书，聘他为东语系教授，讲授佛学。他也是山东人，我们是老乡。"

季羡林说"大事糊涂，小事精明"

有一次，季羡林先生同我讲："中国人不但是健忘的，而且是'大事糊涂，小事精明'。"我听后忙问："这话怎么讲？我们古人不是常说'吕端每临大事不糊涂'吗？"先生说："现在已经没有几个像吕端那样的人了。'文化大革命'结束已经三十多年了，我们并没有认真吸取这一惨痛的教训。如今很多年轻人根本就不知道'文革'是怎么一回事。这么快就淡忘了，这怎么行呢？应该给这些年轻人补上这一课。我们中华民族经历过的苦难太多了，'文革'把我们的国家几乎都给毁了，这还不值得牢牢记取吗？现在很多人对这些大事是糊里糊涂，但一遇到自己利益方面的小事却十分精明，这样下去怎么行啊！"

九十多岁的老人，住在医院里，想的却是国家的大事、民族的大事。这就是先生的情怀。

大师绝响

季羡林说"皇帝"

有一次与季羡林先生谈天，话题一下子扯到了"皇帝"，我说："您写的那篇《皇帝——代序》的文章很好，您对后人一致称颂的唐代名君李世民有不同的看法，指出了他的许多昏庸无道之处，令人猛醒。"先生说："在我国封建社会中，并没有什么好皇帝，即便有那么几个，也只能是相对而言。我有一首诗很能说明这个问题：'朝代纷纷排成行，开国明君皆流氓。如果有人不相信，请看刘邦朱元璋。'"我听后说："您这首诗说到了问题的点子上，但会不会打击面过宽了呢？""我也想过这个问题，但我提不出反证来。谁能用具体例子来反驳我呢？比如说项羽吧，之所以没有成功当上皇帝，其中一个原因就是他不够流氓，而他的对手刘邦则是一个十足的流氓。项羽抓去他的父亲要烹了，他却说我的父亲就是你的父亲，要烹只管烹，别忘了送我一杯羹。再说说李世民吧。他为了夺取皇位，不惜弑父杀兄，最后因追求长生不死，吃道士炼的丹而中毒身亡。这不是流氓行为是什么？我写这首诗的真正目的是，希望今后年轻人学习历史时，千万不要一上来就被什么太祖、太宗、高祖的'丰功伟绩'给迷惑住，以为他们是什么大英雄，了不起的大人物，而看不到他们卑劣的一面。因为这样的事情过去就一直在发生着。我就是想提醒人们注意这一点。"

可见先生读史并不迷信历史，而是认真分析历史，结合中国封建社会的实际情况，提出自己的看法。重在提醒人们特别是年轻人要学会分析的方法。

何兹全说一定要做完的三件事

2003 年的夏天，我去看望何先生时，他已经是九十二岁的高龄了。他们老两口看上去还是那么的健康和乐观。我问何老最近在忙些什么，他说："近来明显感觉老了，写作的效率很低了。答应写的《中国古代社会》到现在只写出了四分之一，好多事情都记不住了，查找资料也有一定的困难，确实是精力已明显感觉不行了。不过我有三件事是一定要做完的，这三件事：一是写一篇文章介绍傅斯年先生的学术成就。他是我的恩师，有恩于我，我须知恩图报。这件事已经完成了。二是给我的另一位恩师陶希圣也写一篇文章介绍他的学术成就。他是北大的教授，曾主编过《食货》杂志，写过许多有关经济方面的文章。他这个人比较复杂，主要是因为他曾积极追随过汪精卫，很得汪的赏识和重用，但在汪和日本签订卖国协议时，他幡然醒悟，拒绝签字，回到了重庆。他这个人学问还是很好的，在指导我从事中国古代经济史研究方面帮助很大。三是给我的堂兄何思源编一部传记。我这堂兄对我帮助很大，他不仅出钱供我上学，还供我留洋，亲哥们又能怎样呢？我也要为他编一本书。这三个人都有恩于我，我要知恩图报。"

由此，我们可以看到他们那一代人把情谊看得是多么的重要啊！

何兹全说傅斯年和史语所

"我的堂兄何思源和傅斯年是好朋友，我考北大时，傅是北大的教授，堂兄嘱我到北京后，应该去拜访傅，并说在必要时可以请他做我的担保人。我记得是在一天的晚上去看望傅先生的，他见到我很热情，说有困难可以找他。大学毕业后，我投奔史语所，当时他是所长，他收留了我。那时史语所在李庄，一共有二十几个人，设四个组：历史组、语言组、考古组、民族组。凡进史语所的人都是傅亲自挑选的，他本人学问很好，又很有眼光，所以，经过史语所的培养，这些人后来都成了著名的专家学者。傅那时对所里的人都非常好，我们都被称为是他的亲兵。他一生兼过好多职，但只有史语所所长一职，是由他创办之初一直到他去世，自始至终是他一个人担任的。可见他对该所的重视，也可以说他为史语所的发展倾注了毕生的心血。"

何兹全回忆陈独秀

何兹全先生告诉我，他目前正在写回忆录，第一篇文章就是《我和陈独秀》。"陈已算是古人了，目前在这个世界上，和他直接接触过的，怕没有几个人了，我可能是唯一和他接触过的人了。那是在抗战爆发之后，国民党释放了所有的政治犯，陈出来后就在武汉，我那时也在武汉，正在负责编一本杂志，约陈独秀先生为我们写文章，他不仅答应了，后来还都写了。为此，我除了和他见过好几次面以外，他还给我写过好几封信。其中一封写道：'我让（张）国焘给你送去的稿子，他没给你送去吗？'这些信其实都是很重要的历史史料，我本来保存得好好的，但回国后，迫于当时国内的政治形势，陈独秀和张国焘早就遭到了批判，我不敢保存这些信件，所以都烧了。"

侯仁之说王世襄还欠他一样东西

在一次闲谈中侯仁之先生问我："你最近去看过王世襄吗？"我忙答："去看过。""我们是燕京大学的老同学。他这个人很有意思，每天上学的时候，身边总有一条大黄狗跟着他，是一条名狗。冬天的时候，他的棉袄里面揣着蛐蛐罐。我还看到过他放鹰。他有很多绝学。不过，他曾经答应过给我一条狗。你下次见到他，就对他说，你还欠侯仁之一样东西呢。"

我见到王先生时，便把侯先生的话学给他听。他听后说："我知道欠他一条狗，可真给他，他又不敢要。"

你看，他们这对老朋友多有意思。

胡厚宣称赞裘锡圭

接触过胡厚宣先生的人，都会感受到他是那样的虚怀若谷、奖掖后学。这方面给我印象最深的是，他曾不止一次地称赞他的学生裘锡圭。裘先生给《书品》写的文章，胡先生读过后，只要见到我，总要说："裘锡圭的文章写得好啊！"

我听后说："他不是您的研究生吗？"

"他是我的学生，但是，'青出于蓝而胜于蓝'，他在古文字研究方面比我强。"

每当他说这话时，脸上总会浮现出真挚、满意的神情。接下去，他还会告诉我："锡圭每年的大年初一，都要来家看我，给我拜年。而且是年年如此，风雪无阻。"说这话时，先生往往会眯起眼睛，头往后仰。看得出，他是多么的高兴和欣慰。他们师生的情谊是多么的深厚啊！

胡厚宣的最后一篇文章
——《我与甲骨文》

　　《书品》创刊后，我们曾先后组织和刊出了杨伯峻先生的《我和〈左传〉》、陆宗达先生的《我与〈说文〉》、周祖谟先生的《我和〈广韵〉》、王锺翰先生的《我和〈清史列传〉》等文，因为是大专家对治学经验和甘苦体会的直接表述，所以深受读者欢迎。一些读者来信希望我们能继续刊登这一类的文章。我马上想到了胡先生，他是我国治甲骨文的大家，应该请他写一篇《我与甲骨文》的文章，把他自己一生研治甲骨文的经验和体会披露出来，读者一定会更为欢迎的。我把这一想法直接反映给了先生，他听后很感兴趣，表示一定要写好这篇文章。我知道他手头的工作比较忙，要是不经常催着点儿，怕是不行。于是我便隔上一段时间，就去看望他老人家一次。先生知道我去的目的，先头告诉我，他要查找很多材料，毕竟是要做一次全面的回顾呀；中间又告诉我已经写了一部分了；其后又说已写了一半了。隔了一段时间再见到先生时，他颇为高兴地说已写完一多半了。就在这时，我调到国家古籍整理出版规划小组办公室去参与创办《传统文化与现代化》了，工作头绪较多，未能像往常那样去看望先生，但我心里仍然惦记着那篇文章，便抽空给先生打了个电话。记得他在和我的最后一次通话中说："已经基本写完了，就差结尾了。"没想到，这之后先生竟撒手人寰了。这不能不令人感到万分的遗憾。但同样万分庆幸的是，先生这篇总结自己在甲骨文领域里的研究心得、体会的大作，毕竟大体由他亲手撰成。这也是他老人家留给我们后人和广大读者的一份宝贵的文化遗产。后来这篇大作由他的儿子胡振宇在他的书桌上找到了，果然只差结尾了。于是，振宇兄和我商量后，为该文加了一个结尾，先在《书品》发表，后又收入由我主编的《学林春秋》一书中（中华书局1998年12月出版）。

张政烺负责点校《金史》

原中华书局副总编辑赵守俨先生，有一次曾同我谈起张政烺先生点校《金史》的往事。当时赵先生实际负责组织整理"二十四史"的具体工作。他说本来这项工作最初都已经是安排好了的，即哪一史由哪位老先生负责整理是定下来的。但"文化大革命"运动开始后，把这些工作全给打乱了，一些承担了项目的老先生受迫害故去了。70年代初，周总理指示"二十四史"的整理出版工作要继续搞下去，于是又聘请了几位老先生接替在运动中被迫害致死的那几位先生的工作，这其中就有张政烺先生。当时具体需要接替整理的有《隋书》、《辽史》和《金史》等。赵先生考虑到这几史的情况不太一样，特别是《金史》流传下来的资料很少，不易整理。于是便先去征求张先生的意见，意即由他先挑选一种。结果他却说，我不先挑，别人选剩下没人整理的，就交我整理好了。就这样，《金史》没人选，最后由他负责整理。赵先生说："《金史》经张先生等整理出版后，一直到现在，学术界对此没有提出过什么不同的意见。所以，我最佩服张政烺先生。"

当我把这一段讲给张先生听后，他说："是有这么回事。本来

《金史》是由傅乐焕先生负责整理的。还有《辽史》原由冯家昇先生负责整理，《隋书》是由汪绍楹先生负责整理。'文革'中这几位先生故去了，便让我参加整理工作。赵守俨先生出于好意，征求我的意见，让我先挑，我没那么办，最后承担了没人挑选的《金史》。赵守俨死得很可惜，他的年龄还不算大啊。他家学渊源，是清人赵尔丰之后，又是余嘉锡的学生。余当时开家馆教学，赵守俨便上他家去求学。"张先生谈起这些往事真是如数家珍，我也开了眼界，了解了他整理《金史》的这一段小插曲。

张政烺说招进了一个好学生

　　已故的袁行云先生是我中学的老师，他于 1979 年考入中国社会科学院历史研究所，当时的主考官正是张政烺先生。袁先生与启功先生关系密切，他知道启功先生与张先生是多年的老朋友，便托启功先生问问张先生大概都考些什么，好做些准备。张先生的回答是不用做什么准备，不会考太难的，只是当场拿出一部古书让他标点其中的一章，若能标点好，说明有一定的基本功，别的就不用考了。后来袁先生去应考时，张先生果然拿出一部古书让他当场标点，并就该书提了一些问题。袁先生功底扎实，顺利通过了考试，成了张先生的一位得意门生。后来袁先生曾对我说，他十分钦佩张先生的学问，每次去历史所，必到张先生府上讨教。

　　张先生回忆起这一段时曾对我说："我一向认为，只有能真正读懂古书，才能进行研究，所以那一次我只考了他这方面的知识。具体考他的是哪部书？我现在记不起来了。但他的学术功底还不错，考得也不错，我比较满意。"师母在旁接道："记得他那天主考回来后说：'这么多年没有招进这么好的学生了，基本功不错。'要知道，他好像从来没有这样夸奖过人。从那以后，袁先生确是常来拜访他，每次都向他请教一些学术上的问题。"

"袁行云的那部《清人诗集叙录》出来了吗？"张先生问道。

"已经由文化艺术出版社出版了，精装，厚厚的三大册。"

"他搞得很不错，在这方面他下了很大的功夫。他也是家学渊源，是袁励准之后。只可惜，他死得太早了。"张先生为他招进的这位好学生过早地逝去而深感惋惜。记得那年在八宝山举行的"向袁行云同志遗体告别"活动时，张先生和启功先生都亲自参加了。

张政烺接待李慎之

李慎之先生当时是中国社会科学院的副院长，与张先生同住一楼，可以说既是同事，又是邻居。但两个人并不太熟。据师母说，早晨起来在院子里散步，两人有时碰了面，李先生总要向张先生问候，张先生也只是还礼，过后还要小声问：这人是谁？李先生是副院长，但张先生平时只去所里，而从不去院里。不过，师母和李先生还比较熟些。"他老伴和我还是校友。"听师母这么一说，我便告诉她，我前些天去看望李先生时，他同我说到他非常敬佩张先生的学问，他有件事情要求教张先生，过两天准备登门拜访。师母说欢迎他来。

过了些日子，我又去看望张先生，师母告诉我，"你上次走后的第二天，李先生就来家看望张先生了。此前他没来过我家，所以一进门见到张先生后，便赶忙自报家门，说我叫李慎之。我们两人便将他让进客厅。坐下后，李先生便同张先生聊起来了，从对传统文化的看法到个人的一些经历。只是李先生讲得多，我从旁偶尔接几句，张先生则只是听，他耳朵不好，还往李先生身边挪了挪椅子，听得很认真。这时又有人来访，一看是找我的，我便让张先生陪李先生，自己和客人去了另一间房子。我只听到那边客厅里李先生一个人的谈话声。等我送走客人后，李先生才拿出一张宣纸，说是想请张先生给他写一幅字。我答应后接过了纸。送走了李先生后，张先生问我：'刚才同我聊天的那位是谁啊？你的客人你不陪，丢下又去陪别人。我只好多陪他坐会儿了。'"师母对我说，你瞧，张先生就是这么一个人。

自李先生走后，张先生还真的为他写了好几次。师母说她在隔壁听到张先生揉搓纸的声音，进去一看，原来是在给李先生写字，但总嫌手抖，字不成样。师母捡起来展开一看，认为还可以，便劝他挑一张算了。但他坚决不同意，说这怎么能拿得出手呢。说完，亲手把地上那些写过的都撕了。师母告诉我，张先生是个极认真的人，从不把自己不满意的东西拿出去。他一定要写出一幅满意的才会给李先生的。

史念海谈黄河和长江

　　史念海先生是我国历史地理学界的权威，与谭其骧先生和侯仁之先生并称为该学科的三根台柱子。他老人家在这个领域里的造诣可谓深矣。他认为中国历史地理学是一门有用于世的学科，他曾为该学科拟定过这样的定义："中国历史地理学是探讨中国历史时期各种地理现象及其和人们的生产劳动、社会活动的相互影响，并进而探索这样的演变和影响的规律，使其有利于人们的利用自然和改造自然的科学。"（见史念海著《中国历史地理纲要》上册第一章《绪论》，山西人民出版社，1991 年版）为此，他老人家曾多次亲临黄土高原进行实地勘察，从而得出结论，认为造成黄土高原水土大量流失的原因，除了长期的乱砍滥伐，毁掉了大片的森林外，开荒造田、破坏植被也是一个重要的原因。其恶果不仅使黄土高原本身遭到了严重的破坏，而冲入黄河中的泥沙又使河水浑浊不堪，最后造成黄河下游的河床越堆越高，变成了"悬河"，一入汛期，便泛滥成灾，下游各地只能采取加高堤坝的办法。他认为这样做只是治标，而根本的办法还是治本——恢复黄土高原的森林面积，退耕还草，加大植被，从而保持住水土不再流失，这样才能从根本上解决黄河浑浊和下游的水患。

先生由黄河又谈到了长江。他说："黄河的水是黄的，长江的水也是黄的。有一次在陕西召开有关问题的研讨会，我特意请了负责治理黄河和长江的水利资源委员会的同志参加。在会上有专家提出，再不治理，长江就会变成和黄河一样浑浊。对此，长江办的同志不同意，认为不会变成那样的。怎么不会呢？现在明明已经浑浊不堪了。记得是在四几年，全国还没解放的时候，我当时正在武汉，是夏天，天气挺热的。一天，有几个同事提出去江里游泳，我出生在黄土高原，不会游。到了江边，他们几个人脱了衣服跳进江里游起来，游了很远。我一直站在岸上，到现在还记得，我能清清楚楚地看清他们几人在水里的身子。那时长江的水就是那么清啊！五十年后的今天，长江的水已经变成什么样了，怎么还说不可能呢？再不认真从根上治理，后患无穷啊！"

启功"投笔从戎"的故事

有一次请启功先生写一个书名题签，写好后，先生说："先放在这里干一干，我给你讲一个故事。你知道我'投笔从戎'的事吗？"

"您不是一直在学校教书吗？没听说您参过军啊。"

"那是在 1971 年的冬天，我那时正在学校接受监督劳动，具体的活儿就是扫地。有一天，我正在扫地，忽然学校的军代表派人把我找了去。一进门就问我：'你就是启功？'我忙认认真真地回答：'我是启功。'军代表用很怪的眼神把我又从头到脚地打量了一番，然后才郑重地宣布道：'接上级电话通知，你从即日起就算正式入伍了。'我听完后，真是丈二和尚，摸不着头脑。我当时真怀疑我的耳朵出了问题，一个被监督改造的老右，一下子就参了军，成了人上人？这变化也太大了吧。何况我已是一个快 60 岁的老头了，也拿不动枪啊！一定是搞错了。想到这儿，我便壮着胆问了一句：'是不是搞错人了？'军代表听后，不耐烦地说：'这学校里不就你一个人叫启功吗？'我说：'是啊！''那还会搞错吗？你赶快收拾一下，下午就去报到！'我一听，也有点儿着急了，心想这是要被充军了，起码也得问明白发配到哪去了啊。'那到哪儿去报到啊？'军代表说：'电话里只说调你去 24 师工作，你就去师部报到吧。''那师部在哪儿啊？总得有个地址吧？''好像说是在王府井大街 36 号，我当了这么多年的兵，还真不知道那里有支24 师。'我一听这地址，乐了，那儿不是中华书局吗。原来是调我去参加二十四史的点校工作，其实是参加点校《清史稿》的工作。可军代表竟听成是 24 师了，差点让我这快 60 岁的老头临了去当兵。就这样，我当天下午赶紧就到中华书局去报到了。"启功先生说这番话时样子可滑稽了，逗得我几次笑出声来。此情此景至今还常常生动地浮现在我的眼前。

先生说完了这些话，才拿起写好的书签递给我，说："完全干了，你可以拿回去交差了。"我心想：真没白来，既完成了任务，又亲耳聆听了先生讲的这么精彩的故事。

启功发脾气

　　跟先生接触过的人，大概很少有人见到过他生气和发脾气，我在一次会上却亲眼看到他老人家生气和发脾气。那是在 1996 年的年底，地点是在国务院第一招待所，在这里由国家文物鉴定委员会召开了一个有许多重要媒体参加的文物鉴定会，与会的都是这方面的专家、学者。我负责接张政烺先生到会。那天，我把张先生提前接到了会上，有关人员把张先生请到主席台上就座。会议开始前，启功先生到了，因为他是国家文物鉴定委员会的主任，所以，主持人赶紧上前迎接。启功先生当时身穿着大棉衣，一进门就满脸的不高兴。主持人过来后请他脱去大衣到主席台上就座，他却发起脾气来，大声说："我干吗要脱去大衣？我就不脱去大衣！我也不到主席台上去坐，我今天就坐在这后面。"说完，他气呼呼地就坐在了最后一排。这一下，弄得主持人极为尴尬，站在那里，不知所措。我们大家都不知道启功先生今天是怎么了，为什么会发这么大的脾气。他老人家坐下后，抬头看见了坐在主席台上的张先生，于是，连忙起身，走到台上，离着老远，一边叫着："苑峰兄！苑峰兄！"（张先生的字）一边作揖问候。张先生听到有人叫他，正抬头张望，启功先生已经来到了跟前。张先生看清后，忙起身，拱手道："元白兄！元白兄！"（启功先生的字）之后，启功先生一屁股就坐在了张先生的旁边，正好是给他准备的位子。主持人见状，赶紧宣布开会。再看启功先生，好像什么都没有发生过似的。后来才知道，他老人家发脾气是有原因的，本文不做具体解说。不过，这是我唯一一次见到启功先生发脾气。但为什么那么快就消了气？原来他和张先生是好朋友，大概好久没有见面了，有许多话要说吧。

周一良拒绝我的请求

余生也晚，认识周一良先生的时候已是他的晚年了。记得是1988年，我第一次去拜访他时，他还住在北大校内的燕南园。园内都是一些二层的小洋楼，但建造的年头比较久了，显得颇为陈旧。即使这样，也要两家合住一栋楼。我围着那片楼转了半天，最后总算找到了周家的门，但还是从厨房绕进去的。我那次去，其实只为了一件事，就是想请先生为已经创刊三周年的《书品》题个词。因为是第一次去，进屋后，我赶紧自报家门。记不清是什么人给我开的门，只是说让我等一下。不一会，周先生来了。虽然那时他已经是七十五岁的老人了，但脸上红润润的，微微有点胖，看上去身体挺健康的。当我把来意说明后，本以为他会答应的。可谁知，他先说了一句："你寄来的《书品》我看了，办得不错。但题字的事就免了，我的字拿不出手，真要是题了，岂不是'佛头着粪'。"我一听他那不容置疑的口气，知道再说什么也没用，只得告辞，灰溜溜地出来了。这就是我第一次面谒周先生，一句"佛头着粪"让我碰了个不软不硬的大钉子。

周一良谈往

　　和周一良先生接触的过程中，也不总是谈工作，有时也随便聊一聊。记得有一次说到陈寅恪先生，我又旧话重提，说您应该写一篇介绍您老师如何治学的文章。因为您不是从年轻时就追随陈先生学习，又被大家公认为最有可能继承陈先生衣钵的人吗？听我这么一说，他当即答道："我不能写，我已经被老师逐出师门了，因为我没能坚持老师教导的'独立之精神，自由之思想'，所以我不配写。"说这话时，我注意到先生的表情是沉痛的，语调中含有深深的自责。

　　有一次闲谈中说到丁声树先生，周先生盛赞丁先生为人和做学问是如何好。我把马学良先生生前同我讲的有关他跟丁先生学习和工作中的一些趣事讲给先生听，顺便把杨向奎先生讲的张政烺与傅斯年之间的几段小事也转述给他。他听后不以为忤，还夸我肚子里有货。接着又告诉我，五几年给教授评级时，他认为有两个人当时应该评为一级，一个是邵循正，另一个就是张政烺。结果因为其他原因他们两人都没能评上，这是很不应该的。

罗继祖反对古书白译

罗继祖先生家学渊源，自幼随其祖父、著名国学大师罗振玉习读经史，打下了深厚的古文根底。后长期执教于大学，著书立说，培养后学，成为我国著名的历史学家，参加了当年由中华书局组织的二十四史的点校工作。他对古书有着深厚的感情和深刻的理解，故对于社会上一度出现的古书白话翻译热的现象持反对的态度。这在他 1998 年给我的一封信中的一则附录里有明确的表示：

我反对古书白译，凡白译古书我一概不看更不买。认为古人落笔精神和行文技巧，我们还理解和揣摩不透。这样便翻译起来，岂不要闹笑话。为了帮助后学小生，我看不如引导他们自己去用功。看白译的书，只能助长他们"苟且偷懒"，功不敌患。

——"鲠庵苦口"一则

我以为"功不敌患"切中了古书白译的要害。他老人家担心这样做会"适得其反"，贻误青年。

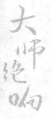

马学良回忆导师丁声树

马学良先生说:"我在史语所读研究生时和丁先生接触较多,而真正成为他的学生,还是我的导师李方桂先生出国时把我托付给他,让他代为指导半年。丁先生虽然学识渊博,但为人却十分谦虚,别人向他请教治学中的问题,他总要说:'我不懂。我真的不懂。'他当我的导师就没有给我讲过什么。我给他写信请教问题时称他为'丁先生'。他接到后,必定把'先生'二字划掉,然后在信上注明:'同在一所,何必称先生。'把信退了回来。我又写信改称'丁老师',他又把'老师'二字划掉,注上:'同在一所,何必称师。径称丁同事即可。'我只好再写信改称'丁同事',但他又说:'这个问题我不懂,我真的不懂。'没办法,他就是这么一个谦虚的人。所以,我跟了他半年,他什么也没有教过我。但有一件事,我至今还清楚地记得,若不说出,怕是无人知道了。那是1949年南京解放前夕,当时中央研究院的人都跑光了。一些人去了台湾,只留下我和丁先生负责照看大院,等候解放军前来接收。中研院的院子很大。有一天晚上,我们两人在院子里散步,天空中正好有一弯月亮,丁先生便指着月亮问我:'你看这月亮是上弦月还是下弦月啊？'我看了看便回答道：'是上弦月啊！'不料他听后说：'你怎么回答得这么简单呢？地球是一个球体，月亮也是一个球体，你应该从它们不同的位置关系考虑后再回答啊！'这就是他对我的唯一一次指导。可就是这一次，却让我终生受益。他是在告诉我：研究任何问题，都不能只从表面现象去看，而应该从事物后面的相互关系入手研究。我后来研究任何问题都是按照他的这一教导去做的。

"丁先生还有一个习惯，就是每天很早起来到院子里高声背诵古文。我曾问过他：'听人说您能背二十四史中的前四史？'他忙纠正道：'言过其实了。像天文、律历方面的文章不需要背，只要会查就行了。但纪、传两部分的文章我确实都能背。'可就是这么一位学识渊博的大学者，在别人面前却极为谦虚，还坚持每天打扫院子，因为后来进驻的解放军战士把院子弄得很脏，他们一直以为这个穿着极为普通的人就是一个清洁工呢。"

大师绝响

马学良说潘光旦曾劝慰费孝通

　　马学良说有一段时期费孝通就住在他们这个院子里。"文革"爆发后，费先生受到多次批斗，红卫兵还动手殴打他。有一次，他忍受不下去了，批斗会散后，他对他的老师潘光旦说："我要走了，我实在受不了了。"潘老听后平静地说："你干吗要去死呢？这只不过是一场运动罢了。运动过后，国家搞建设时还是要用我们这些人的。不用我们用谁呢？你好好想一想，不能就这样走了啊！"听了潘老的劝慰，费先生咬牙挺了过来。果然，"文革"过后，费先生又受到了国家的重用。要不是当初潘老的这番劝慰，恐怕今天就没有费先生了。

程千帆谈黄季刚为何重视拜师

　　程千帆先生在同我闲谈中几次都谈到了黄季刚先生。他说："黄先生教过我的太太沈祖棻，那时黄在北大讲课，我在北大念书，去听过他的课。后来黄与胡适意见不合，便离开了北大。他有一个学生叫陆宗达，当时也在北大读书，因黄离开北大，他也跟着老师离开了北大。陆那时还没有毕业，连北大的学籍都不要了。他后来一直跟着黄学习小学，成了黄的入室弟子。好在黄那时一个月挣好几百大洋，养几个学生是不成问题的，要是在今天可就困难了。另外，你知道黄为什么特别重视拜师礼节吗？多年前，我读他的日记时，偶然发现，他对门下从学之士或称弟某某，或只谓学生若干人，不知为什么不同。后反复思索，才恍然大悟。原来，凡称弟某某者，必定是正式行过拜师礼的；而仅称学生者，则是没有行过这种礼的。杨伯峻先生是正式向黄行过拜师礼的，他曾在一篇文章中回忆，黄对他说过：'我和刘申叔，本在师友之间，若和太炎师在一起，三人无所不谈。但一谈到经学，有我在，申叔便不开口。他和太炎师能谈经学，为什么不愿和我谈呢？我猜到了，那就是他要我拜他为师，才肯传授经学给我。而我在经学方面确实不如他。因此，在一次只有我们俩在一起的时候，我便拿了拜师贽敬，向他磕头拜师。从这以后，他便把他的经学一一传授给我。因此，我的学问是磕头得来的，所以我收弟子，一定要他们行拜师礼。'由此可见，黄先生之所以看重行拜师礼，恐怕不只是看重这种形式，他更看重的是这种形式背后所蕴含的重道与尊师的双重意义。虽然，今天我们已经不实行这一套了，但尊师重道总还是应该的吧？"

程千帆说"没有匡老就没有我后面这二十年"

　　程千帆先生与南京大学老校长匡亚明有着很不同寻常的深厚的友谊，只要一谈到匡老，他就会十分动情地说："没有匡老，就没有我后面这二十年。"原来，在"文化大革命"中，程先生因右派等历史问题，被遣返回了街道，离开了心爱的教学工作，生活极度困难。匡老重新主持南大工作后，马上便提出正式调程先生到南大来讲学。"是他亲自派人把我从街道上直接请到南京大学的。当然了，他不光请了我，还请了其他好几位重要学人来到南大。他一心想着的就是南大的学科建设和发展。匡老是一个真正的马克思主义者，他用自己的一生实践了他常说的两句话：真正的马克思主义者，走出书斋是战士，回到书斋是学者。这确实是他一生真实的写照。特别是他在晚年担任了'中国思想家评传丛书'的主编之后，更加勤奋忘我地工作。他曾说过，三十年代他在延安时，毛主席有一次同他谈到：'从孔夫子到孙中山，我们都应该加以总结。我们应该承继这一份宝贵的文化遗产。'所以他后来才正式提议编写这一套丛书，而且还身体力行，自己动手写了第一本《孔子评传》。他对这项工作要求很严，不仅对别人要求严，对自已也是如此。他经常召集有关的编者和作者到他家去商谈工作，有时还自己亲自去外地找作者商谈、讨论。他完全忘记了自己已是一个九十高龄的老人了。特别是他自今年（1996年）五月去北京召开了本套丛书的前五十集出版新闻发布会回来以后，他对工作抓得更紧了。我们大家都知道，他是在争分夺秒，想在2000年以前将这套二百部的丛书全部出齐。所以说他太累了，他是累死的。"先生说到这里时，声音都有些哽咽了。稍稍平静了一会儿，他接着说："匡老为了这套书的事，没少到我家里来。按说他比我年纪大，我怎么敢让他来呢。所以他一打电话说要来，我便忙说，还是让我去你那里吧，最多你派车来接我去就是了。但每次他都不肯，非要我在家等他。他对老知识分子一向是非常尊重的。"听先生这么一说，我才明白了他同匡老之间那深厚的友谊。

王世襄请吃饭

2001年11月的下旬，我那时正在帮王世襄先生和他的老伴袁荃猷先生做一点编辑方面的事，在一个礼拜之内，我接连两次去接二老到一家排版公司看为他们的新书设计的版式。每次看完之后，都正好到了吃午饭的时间，王先生一定要请我们吃饭，于是我们便来到楼下的一家挺大的饭馆。我们坐下后，王老便拿起菜谱，一边翻看一边点了如下的菜：

糟熘鱼片 软炸里脊 过油肉 菊花鱼 葱烧海参 乌鱼蛋汤 烤鸭一只

我们都知道王老是著名的美食家，虽然我以前也和他一起吃过饭，但那都是别人请客，用不着自己点菜。而这回却不同，是他请我们，从他点菜的熟练程度一望可知。更不同的还在后面。先上的是烤鸭，他先卷了一卷，吃了后没说什么。接着上的是软炸里脊，他吃了一口说："现在的猪肉没有原来猪肉的味了。"小姐又端上了糟熘鱼片，他夹了一块放到嘴里品尝后说："倒是放了糟，只是糟的质量不算太好，有的饭馆连糟都不放。再就是盐多了点，味道不太对。"

就这样，每道菜上来后，王老都先尝过，发表完意见后，再请大家吃。我们一吃，果然觉得他说的是对的。以前这些菜我们也都吃过，没觉得什么不对。这回经他老人家这么一指点，确实发现了问题。

当尝过葱烧海参后，他说："这菜用的海参是一般的低档参，所以价钱不贵，要是用好参得一百多块呢。"过油肉端上来后，我问："这应该是山西菜吧？"他说："是的。"他吃过后说："放的配料不对，应该底下铺海参。"袁先生在旁边说："能放海参吗？那菜价就该贵多了。可惜你们和畅安（王老的字）认识得晚了，要是倒退十年，他会亲自下厨给你们烧一桌好菜。我这一辈子都不会做菜，都是吃他做的菜。我只能做主食，米饭、烙饼、馒头什么的。现在我才开始学做菜，因为他老了，做不动菜了。我可学不会他那样做菜，只能做些简单的，他也只能将就着吃。"

说着又端上来了菊花鱼，王老一看就说："汁不够，番茄酱放少了，颜色不对，鱼炸得也不够焦。"我们一尝，果然口感和味道都欠缺些。

饭后，王老还十分感慨地说："现在做菜用的料都已大不如前了，鸡、鸭、鱼、肉都不像从前那样香了，调料也都不够地道了。"

因为事情还没有做完，在送二老回去的路上，我们又约好五天后的上午再来接他们。到了日子，我们又去了那家公司，把上次没看的都看了，时间又到了中午。我们忙抢先说这回该我们请您二老了。哪知，王老一听便摆出一副不容分说的样子，"哪能叫你们请呢？还得由我来。"

我们不同意。袁先生在旁边说道："你们别争了，就听王世襄的。你们不愿意让他着急吧？让他着急，再急出点好歹来。再说上次回去以后，他就说了，下回还去楼下那家吃，他连点什么菜都想好了。他这回要嘱咐服务员，哪道菜应该怎样做。他说上次没指点，菜就没做好。所以你们就别同他争了。"听了这话，我们只好从命了。

下楼，进了餐厅，刚一落座，王老便拿起菜谱，稍一浏览，便把服务员叫到跟前，一边指着菜谱说，还一边比划着。过了一会儿，菜都点好了。看得出他老人家这次真是有备而来。他对我们说："上回菜点多了，吃不了。这回我只点了下面这几道菜：

葱爆羊肉 糟熘鱼片 糖醋白菜 冬菇豆腐 清蒸鲩鱼 白菜豆腐汤 烤鸭一只

"我刚才已就有的菜应该怎样做，放什么，不放什么，多放少放等交代给服务员，并让她转告大厨了。等一会儿，我们来尝尝，看看比上回如何。"先端上来的菜是葱爆羊肉，王老拿起筷子夹了一片尝了尝，说："炒得还不错，你们尝尝。"我们一吃，果然不错，又嫩又够味。王老见状，不无得意地说："看来指点一下就是有效果。"

这时，小姐又端上了第二道菜：糟熘鱼片。我们忙让王老先尝，他尝过后对我们说："上次也点了这道菜，虽然搁了糟，但不够味，偏甜。所以我刚才嘱咐小姐转告大师傅一定要多搁点儿糟，少加一点糖。你们尝尝这次的味道如何？"我们赶紧一人吃了一块，果然味道浓郁，可谓糟香满口，比上次好多了。"我要是再来指点一二次，就会更好了。"

上的第三道菜是糖醋白菜，王老一看就对小姐说："这菜用料不对。糖醋白菜只能用靠近菜心的白菜帮，既不能用外面的老菜帮，也不能用白菜叶子。"接着夹起一块尝了尝，说："醋味不够，光剩下甜味了。"我们一尝，确实如此。

又端上的是冬菇豆腐，豆腐里搁了酱油，红红的。他尝后说："这道菜我没指点什么，烧出来果然不行。看来指点和不指点还真大不一样。"

我忙问道："您年轻时还学过做菜啊？"

"这些菜不算什么。年轻时我父亲请客，都是我做菜，整桌整桌的菜都由我来做，比这要复杂多了。"王老刚说完，小姐又端上了白菜豆腐汤。他喝了一口，"这汤可比上次那乌鱼蛋汤好多了，又清爽，又好喝，价格又便宜多了。"

这时，烤鸭上来了。他说："这里的鸭子烤得还不错，确是一片一片片下来的，皮也还算焦，而且比大店要便宜许多。"

最后上的是清蒸鲩鱼。他说："上次要的是菊花鱼，做得不好，鱼肉炸得不焦，汁也不够浓，番茄酱放少了。这次改为清蒸，看看究竟怎样？"说完尝了一口，马上说："有点儿老了。"又叫过来服务员说："清蒸鲩鱼应该是整条的。过去做这道菜并不把鱼一劈两半，还横着切成一段一段的。那时只是把鱼从中切一刀，不切断，劈着摆放在盘子里上蒸锅。现在你们给切成两片不算，还又切成一段一段的，这样去蒸，鱼能不老吗？既然切成这样了，就应该少蒸两三分钟，才能恰到好处啊。"听他这么一说，我尝了一块，果然鱼肉是发紧，有点老了。

其实，吃到这里，我们都已经吃好了。王老见状，又说道："要是我再来吃两次，给他们再指点指点，这里的菜还能做得更好些。"说这话时，他老人家的脸上不无得意之色。虽然他那时已是八十六七的老人了，但依然是那样的率真和自信。

　　我和学界的一些老先生吃过不少次的饭，但和王老这样的美食家吃饭还是头一次。他谈做菜就像谈做学问，和他吃饭，不仅能大饱口福，还能广见闻，长学问。真希望能还有机会再和他老人家一起吃饭。那可是物质、精神双丰收啊！

王永兴谈师从郑天挺

　　王永兴先生本来是陈寅恪先生的研究生，但后来指导他的导师却是郑天挺和向达两先生，他向我讲述了其中的缘由："40年代初，我考上了陈寅老的研究生，但他只教了我一年，便去香港治疗眼病。后由于太平洋战争爆发，他被困在香港无法回来，于是委托郑先生和向先生代他指导我，这样我便跟随郑、向二师学习了二三年，直到后来他从香港脱身回到大陆，即回到云南西南联大，我才又转而跟随他治学，做了他的助手。"

　　讲完了这一段缘由，王先生又向我介绍起郑先生来了。他满怀敬佩地说："郑先生是一个对工作非常负责的人，有极高的领导才能。在西南联大时，虽然是北大、清华、南开三校合并，但北大的蒋梦麟、清华的梅贻琦、南开的张伯苓三位校长均有他任，对于校务并不具体负责。真正负责处理学校日常行政事务的就是校秘书长郑天挺先生。他既要负责教务，又要负责教师和学生的生活，还要做好指导学生的工作。他居然把这方方面面的工作都处理得井井有条。他那时是学校里的实权人物，经他手进出的银圆是不计其数，但他真正做到了'出污泥而不染'，始终是'两袖清风'。到了 1952 年，实行院系调整时，他从北大调到了南开的历史系。有一次我去南开看他，时间已是中午，他就住在两间小房子里。我去时，见他正在用煤饼炉子煮挂面呢。见我来了，还问我要不要同他一起吃挂面。那个时候，他的儿子郑克晟还没有调回南开他的身边。我见状，心里很难过。但他却安慰我说，现在一切都很好，能够读书做些研究工作了。后来中华书局点校二十四史，郑先生和全国其他一些著名的史学家奉调北京，参与其事。我作为他的助手也参加了这项工作。"说到这儿，王先生略微停顿了一下，又满怀深情地回忆道："那是六几年，当时中华书局在翠微路办公，对参加点校工作的老先生极为照顾，安排在西北楼办公，并且还单独开小灶，照顾上可谓是无微不至。每天晚饭后这些老先生常出去散步。郑先生与一些老先生走在前面，边走边聊。我则跟在后面。那真是一段令人难忘的美好时光啊！"王先生说完这些，脸上的表情很让人感动。

王永兴谈向达手抄
《敦煌卷子》的毁灭

　　向达先生学识渊博，且又非常勤奋。他在英国时，每天都要去大英博物馆看该馆收藏的中国文物，特别是其中的"敦煌卷子"。王先生介绍说："他白天看，晚上回到宿舍后便把白天所见都用蝇头小楷记录下来，整整抄了二十卷，字迹非常工整。60年代'文革'前夕，有一天我到向先生家去请教，向先生拿出他手抄的这二十卷对我说，这里面有你搞隋唐经济史料需要的资料。我看了以后，认为确实非常重要，便提出要将这些卷子借回去抄录。要知道我当时已被北大清除发往山西一家中专学校教书。可向先生明明知道这些，却点头答应了。只是说：'你带回去抄吧，保管好，抄完后再还给我就是了。'这样，我便拿回山西去了。谁知不久'文革'便爆发了。有一天造反派来抄我的家，看到我那一大屋子的书，便说都是封、资、修的东西，让人装车拉往学校，随便倒在一间房子的地上，然后让我站好接受批判。当时是冬天，屋子里生着火炉子，造反派头头要抽烟，便随手从地上我那一堆书中抽出一卷撕下一张点火抽烟。我一看撕的刚好是向先生的手抄本，便急忙对造反派头头说：这本书很有价值，是我向老师借的。我不说还好，一说，那头头便把这部手抄本拿起来翻了翻说，明明是封、资、修破烂货，你还说有价值。说完便将这部极其珍贵的向师手抄稿塞进火炉里烧了。我当时真是莫可奈何，只觉得对不起向师。要知道那是他花了多少心血才由英国抄回来的啊！我是说好了用完后要还给老师的啊！后来我回到北京，曾去过向先生家，不过他已经去世了，我更是无从还起了。"

听任继愈冯钟芸二老聊天

平时去看望任继愈、冯钟芸两位先生，除了谈工作以外，总会和他们二老聊一会儿天。记得我曾说到社会上存在的一些腐败现象，特别是教育界和学术界出现的一些不正之风。每到这时，冯先生总是颇为愤慨，她说："我们那时在西南联大读书时，条件多么艰苦，可大家却勤奋读书，认真学习知识，没有人因为艰苦而放弃学习，更没听说过有人抄袭别人的东西。现在生活条件比过去好多了，学生可以安心学习，老师可以安心教书，但为什么却会出现学生雇人考试，老师抄袭别人的东西呢？真是太不应该了。"冯先生是一个很儒雅的人，她说太不应该了，已经是很重了。这时任先生就会说："当今，在西南联大读过书的人剩下的已经不多了。除了我们俩，北大还有田余庆，国外的就是杨振宁等。其实，西南联大的精神是值得我们认真总结和借鉴的。"我想二老的话是对的，这是他们亲身经历过的。

当然了，他们有时也会给我介绍一些过去发生的人和事。一次，任先生同我说到了张政烺先生，他说："张先生的一个特点就是惜墨如金。其实，他有很多东西应该写出来，可惜，他没有写，现在身体不好又不可能写了。他的学问最博，待人又最宽厚，毫无城府。有些学者自己要写的东西，在没有写出来之前，是不会向别人道及的，而张先生则不然。过去我们同在史语所时，丁声树先生就说过这样的话：'你如果要想在学术上偷些东西，就可以去请教张政烺先生，他会把自己在学术研究上的构思、想法连同资料都一股脑儿地告诉你。'他就是这样一个人。他看过的书太多了。傅斯年先生很赏识他，他大学毕业后，傅就委派他负责为史语所购书。那时候法币天天贬值，傅就直接把黄金留给他用来购书，可见对他的信任。通过购书，张先生接触到许多古籍的不同版本，而且他都读过。"

听他们二老聊天，真是我的福气。可如今二老却先后走了，留给我的是对这一段交往的无尽的回忆。

大师绝响

赵俪生给我的信

　　我没有见过赵俪生先生，而且今生今世也见不到他老人家了。没有见过，怎么知道他性格耿直呢？虽然没有见过，但却与他老人家有过十多年的交往，主要是通过书信的形式，我手边保存有他给我的多封信件。从这些信中我可以清楚地认识到他那耿直的性格。

　　我是由谁介绍同先生认识的，现在已经记不清了。但有一点是很清楚的，就是在 1997 年，我在紧张地开始组编《学林春秋》一书时，给他去信，向他约稿，之后便建立起了比较密切的书信联系。我在向他约稿时，顺便把我那时负责编辑的《传统文化与现代化》杂志给他寄了几本。一般而言，接到的人都会夸赞几句，不会认真地评论一番。而赵先生则不然，他在给我的回信中却发表了这样的意见：

　　《传统文化与现代化》是一本高规格的刊物。最初读了，感到气魄很大，非区区所敢厕身。……接连几期，看到李慎之的大文。李慎之何许人也，过去一直不知道。第一篇文章印象很好

（《什么是中国的现代学术经典》，1998年第3期），最近一篇捧王学泰（《发现另一个中国——〈游民与中国社会〉序》，1998年第5期）捧得有点过头了。王不过想以"游民"出奇制胜、哗众取宠而已。观其以提高生产改善生活为"革命"标准，不以流血为标准，就是一个明显的非历史主义观点。因为"生产标准"是邓以后的，而"流血标准"是邓以前的，拿"以后"标准来评说"以前"，将置"有之，请自嗣同始"于何地哉？！以弟看，这种文章只有拿来当"影射史学"看，也许还有点意思。如彭总说操娘三天和操娘一天，就是"游民话"、"痞子话"，这一点是影射对了。总之，王学泰的研究是"走偏锋"的，不可为训，不可像李慎之那么"捧"法。至于杨志玖，他是淄博人，和我同岁。什么"昼寝"、"画寝"（《"宰予画寝"说》杨志玖撰，1998年第5期），实在没有文章做才做这样的文章，实在没有文章登了才登这样的文章。

　　这就是赵先生，他就是这么一个耿直的人。他对事情有看法，就一定要说出来，而且是直截了当地说出来，决不藏着掖着，更不会拐弯抹角。当然了，他也不会考虑对方好不好接受。就说我吧，好心好意给他送上杂志，他却来了"实在没有文章登了才登这样的文章"这么一句，把我也直接捎了进去。但说实在话，我看了以后，一点也不生气，只觉得这位老先生性格很突出，很直率，反生出钦敬之意。

世林老弟：

春节以后，身体一直不好。尿路出事儿，已经好封了许多；现在问题出便秘上，情况比较严重。4天便一次，打开"塞药"还是下不来。原来肛门两侧，大肠形成两个窝道，便快不到肛门，到窝道里去了。要用手推挤，很难苦才能排出一些。

你知道，我不是一个阿谀的人，但当你这9大本书摆在面前翻来翻去时，我不由惊呼："了不得！了不起！"较之当今"雷锋锋、王重民，真是有过之而无不及。我对老伴说，"要最大的鞍力要最好的人缘，才能干出这么大的事业！"

三本《往了些》收到了，而且都先读了，很有意思。一个主题是封爹亲各叩付，儿子空老子。有的爹的好些，有的爹的差些，且看徒弟、儿子的水平譬如，春思和他儿子、毛泽东的功的儿子就空的好些；郭老的儿子就空的惨定，"事不信自体。

顺便说个事，山东这几年学风浮嚣，也反映在咱山东大学几个老人的文章里。浮风踢踏。其中马寰一篇，还有出问题，写学术，历史的就不可不慎，但提了，提错了，还打马虎眼。马寰说东北三省的马列到毛泽东，这是个很大的马虎。文章作者却把它说成是"国共代表"，又说查无实据。这却是蒋治安的徒弟们捏造的"石先师谭"，而对历史不负责任。文章还把一期臭名昭著的指责吴与元的词全文引用，还加以诠释，真糟糕。

您叫我写书评，义不容辞，只因大便阻塞，辗转难安，因而屡误。请您将书评字数、要求等，以电话赐知，自当照办。

傲 …… 文中"投笨门揣毫、投谕门击少"是编校人员的擅改，试查原稿，是"投笨门揣火、投谕门击毫"。王遒是投机冷门，编校人员却错把王遒当成投机热门了。

写这么点信，已眼花缭乱，不多写了。五月份生日过后，部人已84，论虚龄已是85。

专此

顺安！

韩邃俨生上言
2000. 4. 15日。

吴冠中谈写自传及其他

　　吴冠中先生把《短笛无腔》的稿子交给我后，我问他近来在写什么？答曰："我在写自传，名字想好了，就叫《消逝了的生命》。我今年已经 84 岁了，来日无多了。我本来不打算写自传，有好多人想为我写传。但我发现'传'还是要自己写，只有自己经历过的自己最清楚，也最有感慨，别人怎么能了解这些呢？这样，我才开始动笔写。我一定要写出一个真实的自我来。我写自传恰恰不是为了自己，而是为了我们所经历过的那个时代。那个时代太有特点了。

　　"解放前我一直在法国留学，学习美术。新中国成立后，我和许多留学人员一样，积极投奔到祖国的怀抱中来。可是解放后在我国的美术界占据主导地位的有三派：一是延安派，一是徐悲鸿派，一是留苏派。我是留法的，于这三派全不着边，自然受人排斥。记得 1951 年刚回国分配在中央美院教学，我给学生们讲西方绘画大师的作品。学生们却问我：老师你知道列宾吗？我还真不知道。课下赶紧请教熟人，告我是苏联（俄罗斯）最著名的大画家。我私下赶忙查找资料，发现西方绘画界对列宾没有什么介绍，也就是说，他在西方绘画界没有什么名气，因为在绘画界看中的是你选用什么样的绘画语言，而不看你到底画的是法国的还是俄罗斯的风景。你只有用自己民族的绘画语言才是重要的。由是观之，虽然列宾也画过一些很不错的画，但与西方一些大艺术家相比还有差距。由于我们当时强调向苏联学习，致使中国学生对苏联以外的艺术大师均不了解。这样一来，有人便攻击我是资产阶级学者，在课堂上传播西方的观点。于是我在中央美院就呆不下去了。刚巧这时清华大学建筑系需要学过西方美术史和绘画的老师，而中央美院也正想要清华的一名美术老师，这样我便被换了过去。

"这么多年，我们这些与那三派全不沾边的人一直是非主流派，根本得不到重用。你知道吗？到了我这个年龄，最痛苦的是什么吗？就是身体日渐衰老而思想却还不老，还很年轻。虽然身体不能活动了，但头脑一刻也不曾停下来，还在那里思索问题，因为发生了那么多的事，迫使你不能不思考。这也是我们这一代知识分子的特点。要是身体衰老了，头脑也衰老了，倒好了。"

李慎之谈"中国文化"和"传统文化"

对于什么是"中国文化"和"传统文化"的功能，李慎之先生都有过认真的思考，并同我几次谈到这两个问题。有一次他对我说："什么是'中国文化'？你要问我，我就说不清楚。近些年来，看风水不仅在国内很流行，在国外也很流行，你能说这代表了中国文化吗？我看不能。你如果到过欧美国家，你会强烈地感受到异国的文化，感受到那里的人们所受到的良好的文明教育。但在中国，你会明显地感到教育的落后。其实中国的文化，在过去的一些老先生身上最能得到反映。比如说叶圣陶先生，在他五十岁左右的时候我就见过他，给我印象最深的是，叶先生是有道之士，在他身上就可以看出中国文化来。像他这样的人，在我们家乡，我上小学和中学的时候，就有一批。但现在你再看一看，这样的人太少了。再拿出版而言，过去像商务印书馆出版的《万有文库》等书，纸张、装帧都不算好，但很便宜，人们很爱读，很受益。而现在的一些出版社出的书，纸张、装帧都很讲究，动不动就是精装豪华本，可内容却没有什么实用价值。你说这能反映中国文化吗？总之，中国文化是一个很复杂的问题，需要我们认真地想一想。"

说到"传统文化"的功能，他明确表示："目前谈传统文化的人是不少，但他们真正懂不懂传统文化呢？有人主编了一大套的'学术经典'，大谈传统文化对中国和世界的影响。这是对传统文化的曲解。还有的人说，我国古代的科技一直到了清初在世界上还是领先的。那怎么会到了1840年帝国主义的坚船利炮一下子就攻开了中国的国门了呢？我看现在对传统文化的宣传很不正常，一说传统文化好就什么都好，这实际上宣扬的是一种民族主义。民族主义不是不能提，但提得过了头就不好了。胡适先生是主张'中国事事不如人的'，他曾经列过一个表，是对中西近三百年来的文化发展做了一个对比，西方出了个牛顿，而中国在学术上的贡献与牛顿是不能相比的。其实，胡适开列的这张表还很不全面，却能说明一定的问题，那就是西方不是一下子就强大的，中国也不是一下子就衰落了。对这个问题我们必须要有清醒的认识。你们的那个刊物（指《传统文化与现代化》）我认为办得还不算好，文章与刊名不相吻合，即真正在'与'字上做文章的还没有，谈传统文化的多，谈现代化的少。原因不能怪你们，主要还是找不到能写这个题目的人，因为能真正又懂中学又通西学的人太少。钱锺书先生中西都懂一些，他应该说对这个题目能谈一点儿，但他的兴趣不在这里。另外，传统文化、现代化两者能不能结合，确实很难。你说那些写唐诗宋词的文章，如何能帮助国家实现现代化？我还看不出来。对于传统文化，我个人认为从制度建设上没有什么可取的，只能说从道德建设上可以借鉴一些。万不可以夜郎自大，一切都是古已有之，这是最要不得的。"

　　李先生的意见是很值得我们认真思考的。

李慎之说要写一本介绍周恩来的书

在同李慎之先生的接触当中，曾不止一次听他说过要写一本介绍周恩来的书。他说他同周有过长时间的密切接触，他亲身经历过很多事情，他认为周是一个伟大的人物，他确实是忍辱负重的。"我写的周和目前社会上流传的写他的书是不一样的，因为我曾近距离地观察过他，我知道他的内心。只是现在我还腾不出手来，过两年我一定会写的。"不知道有多少人在盼望着他能写出这部书来，可惜的是，他在 2003 年却突然因病而撒手人寰，带走了这部书稿，也带走了他本已构思好的一篇篇雄文。

赵守俨给我创造机会

　　一次，我和赵守俨先生一起坐车去看望启功先生。此前，听中华书局里的人说，他和启功先生的关系可不一般。车出了大门，他说要给启功先生买点儿点心，我说那就去"稻香村"吧？他却说不去那儿，过去老北京人都喜欢吃京味点心，要到专门卖这类点心的老字号点心铺里去买。于是，他带我们来到东直门外一个不太显眼的点心铺里，进去一看，里面挂着好几块老招牌。他在这里先给启功先生选装了两盒点心，然后又给我和司机各买了一包，非让我们带回去尝尝。

　　在去的路上，他问我："启功先生有没有给你写过字？"

　　我说："没有。去过他家几次，总见到一拨又一拨的人缠着他写字，我在一旁见了于心不忍，不愿再给他老人家添麻烦了。"

　　"是的，我与启功先生关系不错，但很少去看他，更很少求他写字，怕给他添乱。不过，中华书局许多人都有他的字，因为他对'中华'的人有特殊的感情，你在适当的时候请他写字，他是一定会给你写的。我不便代你求字，却可以给你创造机会。"说着话，我们已经来到了启功先生的家。尽管这次来是早已约好了时间的，但屋里还是坐了不少的客人。启功先生的家里总是那么热闹。

　　过了些日子，一天下午赵先生把我叫到他的办公室，拿出两瓶茅台酒和一封信，说："这是人家酬谢启功先生的，你给送去吧。我已经在电话里跟他约好了。"我明白先生的好意，拿上东西就奔启功先生家去了。但到了那里，屋里已有客人，启功先生正在桌前给来人题写校名呢，让我先坐下。我屁股还没坐稳，接连由外面又来了两拨不速之客，都是通过熟人介绍来求他写字的。我见状，想起启功先生以前对我说过的那句话："这些强让我写字的人，都不理解我。"我想赵先生是理解启先生的，我也应该理解启功先生。于是，忙把东西和信交给他便告辞了。

钟敬文受聘北师大

在 20 世纪 40 年代的末期，时任北师大校委会主席兼中文系主任的黎锦熙决定聘任钟敬文先生来系任教，并提出希望能开设一门"方言调查"之类的课程，结果被钟先生谢绝了。这是怎么一回事呢？钟先生后来在《回忆黎劭西先生》一文中披露了个中缘由：我一向从事民间文学和民俗学研究，很少涉及其他学科，怎么会让我去开设"方言调查"课呢？原来在 20 年代（上个世纪）中期，我有一次在《国学门周刊》上刊发了一封信，指出《歌谣》周刊发表的一篇论述中国语言与方言分类的译文有错误，被黎先生看到了，认为我在这方面也是个行家，所以二十多年后聘我来时还希望我能开这方面的课。这无疑是一场误会。但是，它是何等值得思索，乃至于何等值得感谢的误会！二十多年前，一个刊物上所登载的通信，黎先生仍铭记在心，历久不忘。这岂仅仅是记性过人而已。从我这方面说，当时还不过是一个有心向学的青年，学殖的浅薄自不待言。一时偶然写发的短信，竟引起这位长辈的注意，以至于在多年以后，见面时向我提出开设专课的希望，这是多么使我感动和铭谢的啊！

（摘编自张世林编《学林春秋》中黎泽渝冯蒸撰《简述黎锦熙先生的治学与为人》）

赵元任谈作曲

赵元任先生是语言学大师，但他的作曲似乎更是出名。他把语言学与音乐紧密联系起来，早在 1928 年他所出版的《新诗歌集》的序言中，就倡导音乐界为歌曲填词或为词句度曲，都要照顾旋律与语调的配合（这在我国传统的戏剧和曲艺中多是服从这个规则的）。1956 年他在美国发表的文章，指出中国作曲家所作歌曲的旋律，为现成的歌谱"填词"，或为已有词句"度曲"，就有依字调或不依字调之别。他把汉语不同形式所用声调的类别，分为字调、语调、歌唱调、吟诗调、朗诵调、韵白调各类。他发表的歌谱常附有详细的说明，阐述曲调和词调照应的规则，成为我国音乐著作中的宝贵财富。他自己就尝试写了若干旋律和方言声调配合的歌谱。例如：用苏州方音作曲的《打夯歌》；根据苏州、南京一带听到的"船夫号子"改编的《江上撑船歌》；用无锡方音编的《卖布谣》。还有，他为刘半农的新诗《教我如何不想她》谱的曲，真是传唱中外，至今不衰，于是这首歌反而成了词以曲传。可是他这是根据哪种方言写的，一向无人知晓。不久前我在《中国语文》上，看到载有赵先生在美学生杨联陞写给吕叔湘先生的一封信，谈到这个问题，才揭开了这个谜底。原来他是用天津话的声调写的。赵先生认为西方的歌曲与中国的歌曲不同，他们没有字调的约束，可以任意配上旋律；而中国歌曲的旋律如脱离汉语声调的格局，就不易听懂。因此，他作曲总尽量照应到汉语（包括各种方言）字和词的调形起伏，乃至节奏快慢、语法结构等。他对这方面的见解，在他的《新歌诗集》的序言中以及许多歌谱的附注中，都有叙述，这里大略介绍他在作曲中"乐调配字调的原则"：

1. 平声字用平音，平音又以 1，3，5 为合宜……如用变化音，当以先高后低为宜，但花音不在此例。

2. 仄声字用变化音……或用 2，4，6，7 平音……

3. 平仄相连，平低仄高。（这样仄声就不用变度音或 2，4，6，7）

4. 以上三条只用在一句的重要的字上，尤其是韵字……

上面只简单地介绍了一些赵元任先生作曲方法的一面。在另一方面，也是更重要的一面，是作曲的动机和内容。概括地说：赵先生的作品的内容，是紧密地反映五四时代的新生活和抗日时期的敌忾同仇的爱国精神的。其作品的形式，除高度运用西洋音乐理论与技巧外，更主要的特点是充分保持中华民族的语言特色和民歌风格。

这些，对于我们今天从事民族音乐、歌曲研究和创作的人仍具有重要的指导价值和参考意义。

（摘自张世林编《学林春秋》中吴宗济先生的《"迪呀"，元任我师》）

大师绝响

儒佛兼修的梁漱溟先生

　　儒家的修养和佛教的修养在梁漱溟的身上都有深刻的反映，他是中国历史上兼有儒佛信仰和修行的大师。在这方面他迈越了宋明的心学家。心学家虽然吸收了禅宗的修养方式，但是他们极力排斥佛教。梁先生曾批评他们不够通达。在北大任教期间，他也曾为自己面对两家学说产生过苦恼。他为自己所做儒家生活找到了一个解释，那就是大乘佛教的救世精神。他后来还曾讲过要用出家的精神做乡村工作。从 20 世纪 40 年代末以后的日记中我们可以发现他已经通过自己的日常修炼对两家的功夫和境界做了融会贯通的理解。《儒佛异同论》就是他对两家教义的最精要的叙述。这篇文字写于"文革"开始的 1966 年。是年的 8 月 24日，红卫兵抄走了他家一切衣物书籍，占据他的住房，把他赶到小南屋安身。对此，梁漱溟"初颇不怿，但旋即夷然不介意"，还主动把存款交给红卫兵。尽管这期间他也确曾上书申述，可是这从天而降的灾祸并没有影响他的内心生活，虽然最初几天是睡在地板上以至腹泻，白天还要打扫街道和厕所。是什么支持他从容镇定地面对这些迫害？是佛教信仰。9 月 14 日他忽然醒悟到应该口称佛号以"唤醒自心"。9 月 16 日的日记中有一篇自作的修佛偈语，内容是佛教的六波罗密：布施、精进、忍辱、戒、定、慧。《儒佛异同论》就是在这样的背景下写成的。联想到此前的 1953 年 9 月 18 日，他在政协扩大会议上受到毛泽东等人的激烈批判，当时的他反映出的是儒者的修养。在场内群起声讨的严峻情势下，他"顿然清醒了。自知高狂简慢不成样子，心气平静，敬听几位斥责我的发言"。19 日记云："午睡尚好，即夜来睡眠亦视前为胜，似与反省而气平有关。"20 日记云："超与利用与反抗，即是无对。无对而有对，有对而无对。动亦定，静亦定。永不落被动而恒时是主动，换言之，始终有心在。气动即失心，心在则气为心用。"这似乎是在对照程颢《定性书》的义理体会自己的修行。

对此，梁漱溟指出：儒佛两家学说"同是生命上自己向内用功进修提高的一种学问"。佛教是要破除俱生我执和分别我执，从现有生命中解放出来。儒家只要破除分别我执，而不必破除俱生我执，但是它超越了俱生我执，"此心不为形役"。儒家要追求的是实现人类生命的最高可能性，此即"践形尽性"。作为佛徒，他知道人生是苦，此身无可眷恋。作为儒者，他要"践形尽性"，参天地，赞化育，助成人类社会的幸福安乐；从容地面对人生的穷通浮沉。

我们从他的一生行谊中知道他已臻于圣贤境界。他从没有私敌，没有出于党派的偏见，这是他可以和国共两党乃至军阀坦诚相见的缘由。他一生经历过几次险境，都能泰然处之。政治高压和批斗对他个人的伤害已经是区区小事了。他对毛泽东的评价就是一例。他向世人展示了佛教、儒学的修行能够使一个人的生命迸发出如此夺目的光彩，也鼓舞了多少人对现世的信心。

（摘编自张世林编《学林往事》中王宗昱《极高明而道中庸——唯一兼有儒佛信仰和修行的大师梁漱溟先生》）

范文澜先生的治学格言——"专通坚虚"

史学大师范文澜先生将他一生的治学经验总结为"专通坚虚"四字。

新中国成立后，举国学习苏联，强调"专"。其实，文科与理、工科有所不同。中国的传统文化源远流长，博大精深。所谓"国学"，包括中国古代的哲学、历史学、考古学、文学、语言学等等学问。文科可以说是"牵一发而动全身"，仅强调"专"，难免狭隘。

范老主张的"专"与"通"，即是在"通"的基础上的"专"。他以研究中国历史为例说：研究古代史的人，说我只读有关古代史的东西就可以了，不必读近代史。研究近代史的人，说我只读有关近代史的东西就可以，不必读古代史。这样想，就是自己坐"禁闭"。我们研究某一部分历史，着重地读有关这一部分的理论书和资料书，是非常必要的，但不读前前后后的历史，这就不对了。研究中国近代史，仅仅了解中国古代史还是不够的，还必须了解近代世界史。关在"禁闭室"里写文章，怕写不出什么好文章来吧！他以关"禁闭"的生动比喻形容"专"而不"通"之弊。也就是说要先"通"而后"专"，进而做到"专""通"结合。

1965 年，学术界有一场关于《兰亭序》真伪问题的讨论，当时占上风的意见是，不仅书法是依托，连序文也经过后人篡改。范老认为东晋时重清谈，文章、书法都风流潇洒。王羲之的字，《世说新语》（主要记晋人言行）等作品，都是清谈风气下的产物。要从时代的大氛围来看待这个问题。每个时代的文学艺术都有其特定的环境。王羲之风流妍妙的字，在当时的北方不能产生，唐人也伪造不出来，因为都没有像东晋清谈那样的氛围。

　　范老在这里揭示了"专""通"结合的重要意义。

　　"坚"指方向要坚定。研究一个问题，要有恒心，有毅力，锲而不舍，不能随便中辍。要攀登高峰，做开风气或集大成的学问。切忌社会上流行什么，就写什么文章，不断改换课题，结果只能是涉猎甚浅，一事无成。"坚"还指观点要坚持。不能别人说什么，就跟着说什么。见风使舵，随波逐流，人云亦云，做应声虫。在极"左"的时候，浮夸风也严重影响史学，空谈理论，不讲材料。范老针对这样的学风，在《历史研究》1961 年第三期发表《反对放空炮》一文，呼吁研究历史要注意材料。

　　"虚"，指发现错误就改。坚持真理，修正错误。做人做学问要谦虚，但绝不是依草附木，吓得什么也不敢讲，不敢写。范老提倡的是有批判精神的，能独立思考的谦虚和谨慎。谦虚的反面是骄傲，谨慎的反面是急躁。要戒骄戒躁，不能急于求成，不肯下苦功夫。因此，他又提出"二冷"说：一是坐冷板凳，二是吃冷猪肉。

　　总之，"专"与"通"要结合，"坚"与"虚"也要结合。这四个字是范老一生治学经验的总结。

　　（摘编自张世林编《学林往事》中卞孝萱《浅谈"专通坚虚"—范文澜先生治学格言》）

傅斯年任北京大学代理校长

抗日战争胜利之后，蒋介石原是想以傅斯年任北大校长的，但傅表示只任"代理校长"。他曾对邓广铭说过为何肯做代理校长，原因之一是，假如别人代理，可能就要设法"转正"，不再让胡适先生来就任了。

傅先生做了北大代理校长后做的最重要的一件事，是去昆明处理因国民党军队杀害一西南联大学生引发的一次学潮。回到重庆后，他发表了一次引起轰动的言论：凡是在伪北大任职的教职员，北大复员后一律不予聘用。北平伪教育部和伪北大那班伪员们，闻悉之后大为骚动，由周作人等领头纠集了一些人，写了一封公开信，对傅先生的不用从伪人员的主张大肆攻击。邓广铭去看望傅时，他把此信转与邓广铭看，并要邓广铭代他写一回信给周。邓广铭看了周的信后，觉得很奇怪：对自己置身汉奸群丑中达八年之久，在信中并无丝毫忏悔和自责，而竟然理直气壮地对傅先生无理取闹，甚至向傅先生发狂言说，你今日以我为伪，安知今后不有人以你为伪等等，实在是无耻之尤。傅先生当即痛斥说，今后即使真有以我为"伪"的，那也是属于国内党派斗争的问题，却决不会说我做汉奸；

而你周作人之为大汉奸，却是已经刻在耻辱柱上，永世无法改变了。对于写回信给周作人一事，因邓广铭不在沦陷区，对周的汉奸罪行不甚了了，无法加以揭露和声讨而未果。此后不久，南京政府把周作人押解到南京去受审，而傅于1946年5月抵达北平，那些伪员们已作鸟兽散，不能再兴风作浪了。

傅先生由昆明回到重庆后，他的主要工作就是为北大各院系聘请主要负责人和教授。当时，国民政府已决定把抗日战争前原有的北平大学撤销，把该校原设的工、农、医三院并归北大，这样加上原有的文、理、法三院，扩大为六个学院了。而这时即使文、理、法三院的教学人员也都不齐全，所以傅先生当时全力延聘一些知名人士到北大各学院任职。邓广铭当时每到傅先生处，他都要邓广铭替他写一些这方面的信函。有一次他对邓广铭说："各学院的主要教授，最好能在胡先生到校以前尽量聘定，因为胡先生是一位性善主义者，对人没有严格要求，教授若全由他请，那可能会弄得很糟糕的。"当时，朱光潜教授已确定重回北大任英语系主任，他向傅推荐杨人梗教授到北大史学系教西洋史，说他教学很行，可是不容易伺候。傅对朱说："只有北大伺候得了的人到别校未必伺候得了，绝不会有在别校伺候得了的人到北大反而伺候不了的。"后来就把杨聘来北大任教了。其后，他决定要邓广铭回北大史学系任教。

邓广铭在处理完复旦大学的工作后，于1946年的5月7日到北平，傅已于5月4日返平。5月8日邓广铭去北大校长办公室见他，他说："你来了，很好，我现在实在忙得很，你来了正好帮我的忙。"遂立即招呼工友搬一张桌子到校长办公室作邓广铭的办公桌。从此以后，各个办公室的人员便都称邓广铭为"邓秘书"，其实，傅先生只是聘邓广铭回北大史学系教书，并未要邓广铭兼做办公人员，然而邓广铭从此即成为一个冒名的"校长室秘书"了。

北京大学由三个学院扩大为六个学院，此事自然在抗日战争后的重建时期为代理校长的傅先生增加了不少麻烦，但在当时，他也必为此而极感高兴。就在那年的五六月内，在20年代的后期曾任北平大学校长的李书华先生，到傅先生家中拜访，谈话间，傅向李说："当年你们想把北大吞并到北平大学去，没有成功；今天，你们所设的工、农、医三学院却都归并到北大来了。"当时有人闻知此事，以为傅先生不免有些自鸣得意，邓广铭却以为这必是因为，当北平大学创建之初，竟把北京大学撤销，裁并为北平大学所属之"北大学院"，后经北大师生的复校运动，遂终于又在1929年恢复了北京大学，但直到抗日战争胜利之后，傅先生胸中余恨必犹未全消之故。傅先生北大意识之强烈，于此也可见一斑。

傅先生在1946年来北平后，把他的全副身心都扑在北京大学的复员和重建的事业上，在操心和劳力中会使他感到疲累，但同时也会使他感到慰藉，因为这毕竟是全国的最高学府，为全国文化事业的振兴而倾注自己的心血。傅先生堪称我们的师表。

（摘编自张世林编《学林往事》中邓广铭撰《怀念我的恩师傅斯年先生》）

"铁骨铮铮"的朱东润先生

从 1957 年起，朱东润先生担任了复旦大学中文系的主任。在那个年代，一个非党员的系主任能够起到的作用颇为有限，但他非常认真地对待这项工作，觉得有很多事情应该做。哪怕是明知必然被否定的意见，他也会很正式地提出，直到被否定为止。

后来到了"史无前例"的年代，他是最早被抛出来的，批斗、辱骂、殴打，甚至以刀砍颈的流氓举动，狂袭而来。朱先生的倔强在这时也充分显示出来了。在批斗会上，他始终不肯低头，甚至敢于和上来按他头的人扭打起来。在批斗中，他也敢于公然宣称，他对毛泽东书法的看法"和一般人是不同的"。1969 年，他那时已七十四岁了，仍被迫下乡劳动，曾于半夜中被迫与青年学生一起急行军，天黑行疾，气喘几绝，但他仍顽强坚持，不出一语相求。他可以沉默，也只有用沉默作为抗议，但他的人格尊严是不可凌辱的。

然而他的夫人邹莲舫女士，一位善良贤淑、以济助他人为乐事的传统女性，却不堪折磨，以死相抗。在那暗无天日的年代，朱先生为夫人写了一部传记，题为《李方舟传》。书中人名、地名都是经过转化的，"李方舟"是邹莲舫的化名。在后来补写的序中，他说："这本书是在惊涛骇浪中写成的，但我的心境却是平静的，因为我相信人类无论受到什么样的遭遇，总会找到一条前进的道路。"在写完夫人的传记后，1976 年即先生八十岁的那年，他又写了自传《八十自述》。写作的时间是从 2 月到 12 月，那段日子里，中国经历了"文革"最后的晦暗，虽最终粉碎了"四人帮"，但前景尚不明朗。但在自传中，先生回顾自己的一生时，笔下并无凄凉的调子。他经历过太多的人间变故，他知道一个民族会出现无可理喻的疯狂，个人在其中是没有什么法子的。但变化总是存在，有变化就有希望。

上述两部传论后来收入东方出版中心印制的《朱东润传记作品全集》，其中《八十自述》改名为《朱东润自传》。

其实，朱东润先生是永远主张积极用世的，无论受到何种沉重的打击，也绝无颓唐自放之意。——这点甚至已经放弃了儒者"穷则独善其身"的一面。从个人说，他以"天地生人，实属不易，既有此身，便为努力"自勉；对于国家，他晚年常说：只要活着，还有一口气，就应该为国家多做些事情。这种信念之顽强，实非常人所能及。

从下面的一件趣事中也可看出他的"积极用世"的主张。在一次会议上，他批评陈寅恪先生的《柳如是评传》，以为不合适以洋洋八十万言为一妓女立传，使得寅恪先生的门人蒋天枢先生当场拂袖而去。其实，按朱先生的意思，传记首先应该用以表彰仁人志士，激扬民气。他自己是这样认识的，也是这样做的。这从他的第一部传记《张居正大传》到其后的《王守仁大传》、《陆游传》、《梅尧臣传》、《杜甫叙论》、《陈子龙及其时代》到九十一岁健康状况衰退的情形下，开始撰写他的最后一部传记文学作品——《元好问传》，最终于逝世前两月脱稿。他用自己的笔热情讴歌了中国历史上的这些仁人志士，也开启了中国传记文学创作的辉煌篇章。

（摘编自张世林编《学林往事》中骆玉明撰《百年万从事　词气浩纵横——朱东润先生和他的著作》）

"学到老，学不了"的于省吾先生

　　著名的古文字学家于省吾先生，时常感慨一个人越学才越真切地感到自己的无知。我还记得他用两手的拇指和食指合成一个圈，并一再放大的样子。说一个人达到的知识圈越小，和外界的接触面越窄；知识圈越大，才知道外面的天地有何等宽阔。说这话时他几次都是很动感情的。所以他书案上长期压着手书的"学到老，学不了"纸条作为座右铭。

　　于老一生勤于写作，粉碎"四人帮"后，以八旬高龄还写定了十八万字的《甲骨文字释林》，十五万字的《泽螺居诗经新证·楚辞新证》，改定了十多万字的《于省吾文集》，写了许多单篇论文。他多年养成晨起即伏案写作的习惯，认为早晨起床后头脑最清醒，思想最能集中。到晚年他更加珍惜时间，每天清晨三点刚过，他书房窗上就亮起了灯光。最后的那几年，他自感工作效率越来越低，便暗暗增加了工作时间。本来他午睡后总是接待来访者、答复来信或看些消遣性的读物，不从事紧张的脑力劳动的。但后来他越来越经常在下午也看专业书、写文章了。有时在吃饭时出神地用筷子在桌上画古文字，甚至忘了吃饭。有时夜里上床睡了，脑子里还考虑着正在研究的问题，竟半夜起来翻找书籍，查对资料。因为他长期自己睡在书房里，所以这种情形连他的妻女也不知道。是他自己在和他招的最后一届研究生谈心时才透露了这个秘密。当时他自己感慨地说："此中甘苦，只有迷在这种研究上的人才能领略啊！"

于老不但一生好学不倦，而且随着个人学识的不断提高，不以自己一时的见解为最后定论，而能不断修正自己的论述。《甲骨文字诂林》每篇原稿都是改了又改的，有的一页原稿上的一多半都在定稿时被删除了。于老的多种"新证"中最早成书的《尚书新证》，因为后来觉得要修改的地方太多，但又一直没有腾出手来做这件事，所以一直没有再版。因为有这种经验，他后来写论文都很慎重，每成一文，都要放置一年半载，在这期间只要发现立论不充分，或与新出资料有矛盾，就加以修改，或干脆作废。

于老的这种治学精神深深地影响了他的学生，应该继承和发扬光大，让更多的青年学子都能从中获益。

（摘编自张世林编《学林往事》中林沄撰《泽螺居中凤兴叟——忆于省吾先生二三事》）

美学老人朱光潜

　　朱光潜先生是我国著名的美学大师，又被人们亲切地称为"美学老人"。他毕生从事美学研究，除了发表美学论著外，还翻译介绍了许多西方重要的美学著作。他十分重视这项工作，并始终遵循一条重要原则：研究什么，翻译什么。他认为从事理论翻译工作，必须建立在科学研究的基础上，才能做到对所译的东西心中有数，不致说出外行话或闹出笑话来。因此，他的译笔既忠实又传神。新中国成立后他发表的第一部译著是《柏拉图文艺对话集》（1954 年）。柏拉图所写的对话全部有四十篇左右，涉及政治、伦理教育、文艺以及当时争辩剧烈的哲学上的问题，内容十分庞杂。朱先生结合自己的研究工作，精心挑选了涉及美学问题、最能代表柏拉图文艺思想的八篇译成中文。为了使读者容易看懂，每篇都加了个副标题，如《伊安篇——论诗的灵感》、《大希庇阿斯篇——论美》、《会饮篇——论爱美与哲学修养》、《斐利布斯篇——论美感》、《法律篇——论文艺教育》等；此外，每篇又都做了题解，并有详细的注释。他还翻译了莱辛的美学名著《拉奥孔》，不仅做了详细的注释，还根据自己的研究成果撰写了具有学术水平的《译后记》，以帮助读者更好地了解该书。

《歌德谈话录》是朱先生在"文革"后译出的一部作品。全书约六十万字，朱先生选择了其中的三分之一，主要是关于哲学、美学、文艺创作实践和文艺理论以及当时欧洲一般文化动态等方面的言论和情况。像前几本译著一样，他对文中一些较难理解的地方和词汇、典故，都做了必要的注释。

最重要的是朱先生翻译黑格尔的巨著《美学》（三卷），近一百一十万字。其实，他早在1958年就翻译出版了第一卷，后来因忙，直到"文革"时才译出了第二卷的稿，结果被抄家时给抄走了，不知下落。20世纪70年代初，他从"牛棚"里放出来被指派到北大校内的联合国文件资料翻译组"接受改造"，每天在扫地、冲洗厕所之余，做些资料翻译工作。一天，朱先生在清扫大垃圾堆时，突然意外地发现了自己被抄走的译稿，他把它偷偷抱了回去，就这样，在私下里他又开始了《美学》的续译工作，至1975年译完初稿。此后，又花了近三年时间，连同已出版的第一卷从头校改一遍，于1979年出版。

而先生晚年花费了巨大的心力，耗时近六年才译完的、长达五十万言的意大利近代社会科学的创始人维柯的大作《新科学》，是先生感到一生中最难翻译的一部分，也是带给他最大遗憾的一部分。该书于1986年5月出版，而先生却于3月6日溘然长逝。

美学界的许多朋友都说，朱先生对工作不仅是觉得应该去做，而且是充满感情去做；这既是对美学专业的感情，也是对人民事业的感情。他自觉地、愉快地把自己的毕生精力献给了美学事业，献给了人民。朱先生在翻译上的卓越贡献，特别是黑格尔《美学》、维柯《新科学》的翻译，恐怕是目前国内其他学者难以替代的贡献。

（摘编自张世林编《学林往事》中孙坤荣撰《美学老人朱光潜》）

既无言论更无行动的"右派"陈子展

陈子展先生于 1950 年辞去复旦大学中文系主任一职后，即开始专心致志地做学问了，在 20 世纪 50 年代中期陆续完成了《国风选译》与《雅颂选译》两书（先后由古典文学出版社出版）。正当他准备继续研究、写作下去时，一场未曾预料到的政治漩涡把他无情地卷了进去，他被莫名其妙地戴上了"右派分子"的帽子。这怎么会呢？一个早年接受马克思主义，追求进步，长期与共产党人有着十分密切的关系，为革命事业曾作出过贡献的进步的知识分子，到了 1957 年反右时，居然会成了共产党的对立面。更何况他既无言论，更无行动，即使按照"反右"的最起码的条件，也是无法定为"右派"的。但在预先布下的罗网中，他终于难逃此劫。据说，那一阶段，不知他是不是对"阳谋"早有觉察，对当时搞的"引蛇出洞"的各种鸣放会议均不参加，但还是"闭门家中坐，祸从天上来"。可以说，他被打成"右派"，实在冤枉。但他为人性情爽直，观察深刻，说话总是一针见血。也就是说，居然是性格和脾气，导致他成了右派分子。这场政治灾难使他蒙上了不白之冤，被弃于市巷一角，而几乎被人遗忘了。一个正直进步的知识分子，居然落到这个地步，在一般人看来是难以解脱的，但他却不然，他依然故我，不牵于是非荣辱，不屑于辩白，而是全身心地投入到他热爱的学术研究之中。他埋首阅读、潜心研究、写作，以诠释解析《诗经》、《楚辞》中的疑难问题为乐趣，从而得到解脱。

陈先生后半生的主要时间和精力，应该说都投之于《诗经》和《楚辞》这两部中国古代最难啃的诗歌典籍研究中了。

陈先生对《诗经》的研究开始于 20 世纪 30 年代，终于 80 年代末。经过这长达半个多世纪的研究，于 1983 年由复旦大学出版社推出了《诗经直解》，奉献给广大读者和学术界的是对"诗三百"全部作品的译、注、解全本，是他毕生研究《诗经》的结晶。

陈先生对《楚辞》的研究肇始于 20 世纪 60 年代，那时他已年过花甲，但老当益壮，下决心要做一番系统的整理，还《楚辞》以本来面目，给屈原其人以历史的实事求是的评价。为此，他翻遍了历代《楚辞》注本，大量参考了上古时代与楚国有关的各方面的资料和历代相关的评价。终于将多年的心血化作皇皇巨著——六十多万字的《楚辞直解》。这部包括楚辞全部诗篇注、释、笺、译、论（解题）的集大成研究成果，得到了学术界的高度评价，受到了广大读者的热烈欢迎。

陈先生终于在晚年先后完成了这两部大书，并亲眼看到了它们的顺利出版，这给他带去了莫大的慰藉。

（摘编自张世林编《学林往事》中徐志啸撰《陈子展先生及其治学》）

毅生师教我记庙号

郑天挺先生，字毅生，是著名的历史学家、教育家、明清史研究专家，我曾长期师从他学习明清史。

等到我上了讲台，需要给学生说明所讲史事的年代时，也和他一样习惯用帝王的庙号和年号，这样讲既有时间概念，又能将学生的思维带进到所讲内容的那个时期里。记得在 1972 年，当时学校刚招收了工农兵大学生，我负责讲隋唐至明清部分的中国古代史。那时，正常的教学秩序尚未建立，所有的教古代史的老师都在一个办公室上班。我在备课时感到庙号记不熟，正好毅生师在旁边，遂向他请教唐宋辽金元诸帝的庙号如何记忆。他说有口诀，可以帮助记忆，说着就在纸上写了下来："唐朝：高太高武中睿，玄肃代，德顺宪，穆敬文武宣，懿僖昭哀。宋朝：太太真仁英，神哲徽钦，高孝光宁理，度恭端昺。辽朝：太太世穆景，圣兴道天祚。金朝：太太熙亮，世章济宣哀。元朝：太太定宪，世成武仁英，泰定天顺，明文宁顺。"他的手迹我至今仍珍藏着，今天想来，不无遗憾处，怪自己眼光短，为什么当时没有把其他朝代庙号的记法都一并请教下来呢？

（摘编自张世林编《学林往事》中冯尔康撰《关于郑天挺教授教学和研究的点滴回忆》）

《红楼梦辨》手稿失而复得
给俞平伯带来了什么

　　俞平伯很有文学天才，他在风华正茂的大学时代，就已经成为文学创作的多面手。可是，在当时"科学救国"思想的影响下，他也决定出国留学深造。1920年，他赴英国留学，拟学经济专业，不久，因经费不足和想家，就急急忙忙地回国了。1922年夏，他又被派往美国留学，拟学心理学专业。当时，他的好友顾颉刚极力反对他出国留学，希望他能在国内发展自己的文学天才。

　　就在顾颉刚写信劝他不要出国留学之时，俞平伯仍按照自己的兴趣，用出国前的三个月时间，完成了红学研究专著《红楼梦辨》的写作任务。在这部书稿写完一半的时候，他曾带着手稿去苏州看望顾颉刚，于是，发生了半部书稿失而复得的经历。那一天，顾颉刚邀请王伯祥、叶圣陶和俞平伯同游石湖，然后，大家一起乘马车送俞平伯去火车站，回杭州。俞平伯生怕弄丢了稿件，所以，他不把手稿放在手提箱里，而是放在自己的身边。然而，马车颠簸，手稿还是在不知不觉中被颠下了马车。俞平伯发现后急出了一身冷汗。顾颉刚当机立断，命马车倒回去，沿途寻找。王伯祥更是机智，专门盯着迎面来的人手里拿的东西。终于，远远地看见一个乡下人手里拿着报纸包着的东西，王伯祥上前询问后打开一看，正是俞平伯的手稿。大家都暗自庆幸。俞平伯抱着失而复得的手稿说："倘使这稿子真的丢了，这件事我一定不做了。"然而事实是手稿又找回来了，这不仅坚定了他搞《红楼梦》研究工作的信心，而且使他一生与《红楼梦》结下不解之缘。

1923 年 4 月，《红楼梦辨》由上海亚东图书馆出版。之后，他发现了书中的一些错误，又连续发表了两篇文章予以修正。但这些努力，换来的却是 1954 年在全国范围内对他的红学思想的批判。

耿直的俞平伯对这场突如其来的批判，很长时间都不能理解，直到 1967 年 5 月 27 日在《人民日报》上看到了毛泽东 1954 年 10 月 16 日《关于红楼梦研究问题的信》之后，这才如梦初醒。20 世纪 80 年代，他的表弟许宝骙又谈起了当年丢失《红楼梦辨》手稿的往事，俞平伯说："稿子失而复得，有似塞翁故事，信乎'一饮一啄莫非前定'也。垂老话旧，情味弥永；而前尘如梦，迹之愈觉迷糊，又不禁为之黯然矣！"他后来在写给友人的信中也说："早年曾将《红楼梦辨》原稿遗失，……如稿不找回来，亦即无可批判也。"一方面他相信事有前定，不可强求；一方面他又幻想稿子真的丢失，就不会遭到批判，命运或许会好一些。可见 1954 年的批判对他的心灵上的伤害太深了，他无论如何不能释怀。

（摘编自张世林编《学林往事》中孙玉蓉撰《文章惊宇内，道德著春秋——记俞平伯先生》）

敢于为老师仗义执言的俞平伯先生

　　俞平伯对我国传统文化中的尊师重教的思想十分推崇，他自己就是一个尊师的典范。如他与周作人之间有着近五十年的师生情谊，虽然抗日战争期间，周作人走错了人生之路，但是，作为昔日传道授业解惑之师，俞平伯仍然尊敬他。

　　1918 年，俞平伯在北京大学读书期间，就曾师从周作人。那时周与胡适、刘半农共同担任北京大学文科研究组的导师，俞恰恰选的是小说组的研究课题。周作人与胡适对他很赏识，他也对周这个老师做到了"一日为师，终身为父"。1919 年，他从北大毕业后，直至 1966 年"文革"爆发前夕，他与周作人的书信往来一直没断过。二三十年代，是他们两人交往最多的时期，自然，保存下来的书信也最丰富。他曾将 1924 年 8 月至 1932 年 2 月周给他的近两百封信，先后装裱成十分精致的三大册，每册的首尾均有薄木板夹护，上面贴着自题签条"春在堂藏苦雨翁书札"。每册的卷末均有周作人的题跋。这批书信因为保存在亲属家中，才幸免于"文革"劫难。

　　抗日战争爆发后，俞因需要照顾年迈的双亲，未能随清华大学师生南迁，留在了沦陷区北平，闭门索居。周作人因为家累也没有离开北平，却选择了当汉奸。很明显，师生走的不是一条路。

抗日战争胜利后，周作人以汉奸罪被关入了监狱，受到了惩罚。按说，这是他罪有应得，谁能帮得了他呢！然而，明知人微言轻的俞平伯还是决定帮他一把。他先是给远在美国的胡适写信，谈在周初任伪职时，自己未能劝阻其下水，深感愧疚。他说周作人"躬膺伪府显要"，毫无疑问是有罪的，但是，北京大学的图书仪器能够保存完好，没有受到损失，无疑也有他的功劳在。他请胡适向政府呼吁，对周作人做出公平评判，"薄其罪责，使就炳烛之余光，遂其未竟之著译"。不久，他又与各大学教授沈兼士、董洗凡、顾随、陈雪屏、邓以蛰等十五人联名为周作人案呈文蒋介石政府南京高等法院，要求"依据实绩，减其罪戾……"。这份呈文最终还是起了作用，周作人得到了从轻判决，并于1949年1月被保释出狱。

像俞平伯这样敢于为有罪之师担当执言的，其实是不多见的。1954年秋，因为《红楼梦》研究的学术观点问题，他在没有任何思想准备的情况下，受到了来自四面八方的围攻，当时又有几人敢为他这样的清白学者仗义执言、伸张正义呢？俞平伯对周作人终生以师相敬，从无半点怠慢，这同历次政治运动中出现的以揪斗老师来表明自己清白的人相比，俞平伯的人格不是更值得我们尊敬吗？

（摘编自张世林编《学林往事》中孙玉蓉撰《文章惊宇内，道德著春秋——记俞平伯先生》）

罗庸先生为西南联大撰写的校歌

　　为什么在当年那样艰苦的环境下，西南联大许多知名的大师，竟然能培养出那么多出色的人才，竟会写出那么多至今还闪耀着灿烂光辉的著作？他们不是单纯的教授、教师，他们是在战斗，为中华民族的前途而战斗。他们是不拿枪的战士，那是一个特殊的战场，罗庸先生就是他们中的一员。他为西南联大撰写的校歌歌词即可当作了解罗先生以及西南联大这个战斗群体的证词：

　　　　万里长征，辞别了五朝宫阙。

　　　　暂驻足衡山湘水，又成离别。

　　　　绝徼移栽桢干质，九州遍洒黎元血。

　　　　尽笳吹弦诵在山城，情弥切。

　　　　千秋耻，终当雪。

　　　　中兴业，须人杰。

　　　　便一成三户，壮怀难折！

　　　　多难殷忧新国运，动心忍性希前哲。

　　　　待扫除仇寇复神京，还燕碣。

读了这首调寄《满江红》的校歌，再看看罗先生的著述及志趣，这首词无疑是他自己情怀的抒发，也是西南联大这个战斗集体的共同心声。"中兴业，须人杰，便一成三户，壮怀难折！"是誓言，是抱负，也是振兴中华大业的预言。罗先生早在日寇还在中国国土上肆虐的时候，就已经看到中华民族中兴的曙光了。"绝徼移栽桢干质"一句中"绝徼"指边疆，云南为我国西南边区，这里特指云南。"桢"为树名，即女桢子树，木质坚硬，耐寒，这里借指当时迁至云南的西南联大群体，鲁迅的杂文《文化偏至论》（《坟》）一文中说："惟有刚毅不挠，虽遇外物而弗为移，始足作社会桢干。"此句正是采用的鲁迅的这句话。"多难殷忧新国运，动心忍性希前哲。"前句有两层意思：一为多难兴邦，不要对国难悲观失望；一为忧国忧民，不谋个人幸福。后句是勉励学生要继承前人救国图存、振兴中华、不屈不挠的精神。这里的"前哲"指中华民族历代的思想家、政治家、革命家以及无数的优秀儿女。

读读这些掷地有声的诗句，再想想当时西南联大师生的艰苦生活以及令人神往的校风、学风，应当使现在的青年人得到一些启发和教育。因为这首校歌曾激励着西南联大的师生们刻苦学习，奋发图强，拯救国难。

（摘编自张世林编《学林往事》中刘又辛撰《怀念罗庸先生》）

生性耿直的向达先生

　　向达先生绝不是一心只读圣贤书、不关心国家命运的人。他恪守"天下兴亡，匹夫有责"的古训，时时关心国家大事。1935年起，他到英、法、德等国进行学术考察。当时正是日本军国主义者步步进逼，国家民族处在危急存亡之秋，抗日救亡运动风起云涌。他在巴黎参加了留学生会工作，与吕叔湘等先生编写抗日小报。抗日战争爆发后，他即想回国参加抗日工作，时在巴黎的吴玉章同志劝他珍视考察机会，做好工作，对祖国也是有利的。为此，他留下来更加勤奋地学习和工作，于1938年秋满载考察珍品而归。

　　抗战胜利后，他回到北平在北京大学任教。先生刚正耿直，是非分明，对当时国民党政府的腐败残暴极为痛恨，对特务分子的阴险毒辣面目曾多次公开揭露，并作为《保障人权宣言》十三位教授发起人之一，因而被列入黑名单。但先生正气凛然，不为所动，当局慑于先生的名望地位，也未敢下毒手。

　　新中国成立后，先生迎来了新生。1950年，美国发动侵略朝鲜战争，他毅然送幼子（禹生）参军。他还积极参加思想改造运动，努力赶上时代步伐。然 1957 年，厄运竟降到他的身上。

他对党和政府是衷心热爱和拥护的，不过，他生性耿直，遇事敢言，对看不惯的人和事爱发牢骚。出于对党的爱护，他对日常接触的年轻同志也不免批评指责，据说他把系内党员同志差不多都得罪了。在那场反右斗争中，当然被划为"右派"。

一般被划为"右派"的，多半心灰意冷，志气消沉，向师则不然。经过一段时间的沉静后，他又沉潜于学术研究和写作，先后出版了多部重要著作和文章。

但 1966 年爆发的"文化大革命"给先生带来的打击可想而知。本来身体健康的他，禁不住精神和肉体上的双重摧残，在"文革"的第一年就不幸含冤去世了！时年六十六岁。

（摘编自张世林编《学林往事》中杨志玖撰《回忆向达师》）

新女性作家冯沅君

1924 年春，在上海创造社的刊物上，接连发表了淦女士的一组反对封建家长、旧礼教对妇女的迫害，歌颂恋爱自由、婚姻自主的小说：《隔绝》、《隔绝之后》、《旅行》、《慈母》。四个短篇虽独立成篇，但犹如当今的电视系列剧，有着相同的主题：抵抗家长的包办婚姻，争取自由的爱情婚姻；相似的女主人内心解不开的情结——母爱和情人爱的无法调和。

这组异军突起的新小说刊出后，以其鲜明的反封建立场，对自由爱情的大胆追求和热烈向往，在青年中引起了强烈的反响。抒写这组反映时代青年"公意"，喊出时代青年"呼声"的作者淦女士，就是正在读研究生的冯沅君（当时名冯淑兰）。

1922 年，冯沅君从女高师毕业，旋即进入了北京大学研究所国学门当了研究生。她的入学，破了北大不招女生的先例，其春风得意，盖可想见。在北大当研究生的三年，一边写出了发表在《语丝》上的《〈镜花缘〉和中国神话》，发表在《北大国学门周刊》上的《老子韵例初稿》、《楚辞韵例》等一组学术性论文；一边在《创造季刊》、《创造周刊》、《语丝》等刊物上发表了若干篇小说、散文和随笔。一面当着研究生，一面已是个新女性作家了。

冯沅君的作品数量不多，但在文坛上的地位却不因时间的流逝而被遗忘。单就小说创作这个领域看，她已名声显赫，活得辉煌了。然而，她毕竟是学者，是古典文学研究专家，写小说只是兴之所至的客串而已。

（摘编自张世林编《学林往事》中严蓉仙撰《名教授名作家的冯沅君》）

唐兰先生在"文革"中的一件趣事

　　1966 年初夏，饥荒之年刚过，肚腹之饥尚未填饱，即在全国掀起"文化大革命"，人民称之为"浩劫"。它不仅是财物的浩劫，损失更大的是人才浩劫。当时唐兰先生任故宫博物院副院长，是党外的业务干部，划为"黑帮"还不够格；但他是国际知名的教授，名副其实的学术权威。在那个时候，不知根据什么逻辑，凡是学术权威皆冠以"反动"二字的头衔。仅据此条，足可打入牛棚，随时进行揪斗、游街、抄家、劳改，一搞就是八年。

　　1971 年，北大大部分教工都集中在江西鲤鱼洲农场进行劳动改造，此地是血吸虫病的重灾区，因教工感染血吸虫病的人越来越多，故在 1973 年奉命撤离，一部分教员回校"复课闹革命"，另一部分转移到京郊继续劳改。我因染上了血吸虫病，因而有幸随前者回校。我回北京不久，有朋友告诉我唐兰先生从湖北劳改农场回家休整，时间约二十天。得此消息我马上去看他。我们有很长时间未见面了，看到先生的身体明显衰弱，容颜气色也很苍老，但精神还是那样爽朗乐观，纵情大笑。先生听说我从农场调回学校，很是高兴。过了一会儿，先生带些伤感的语调对我讲："你还年轻，应把过去丢失的业务尽快找回来，将来有用。我老了，没有用了，不知哪年哪月才能回来，说不定也许就死在农场了。"我们的谈话很愉快，但也很让人酸心。先生竟忘了为我在火炉上烧的一陶壶水，直到水干、壶破、烟气窜入客厅，这才搅散了我们的谈话。我回校向系领导建议，主要说明古文字这门学科后继乏人，如不及时采取措施，恐有失传的危险。现在唐兰先生健在，故宫未安排工作，一直在农场劳动，如能调回北大培养后学，正可填补师资之缺。当时北大历史系的师资阵容由盛而衰，一副具有指导性的对联"庙小神灵大，池浅王八多"，使许多学有专长的教授惨遭迫害。像翦伯赞、向达、邵循正、杨人楩等许多知名学者都已丧命，只剩我辈凡夫俗子支撑局面。系领导确也感到人才危机，故命我征求先生的意见，同时派人与故宫联系。先生闻讯甚是高兴，他说："过去我从北大调来故宫，现在故宫既不用我，再回北大那有何妨。"不料此一消息无胫而走，故宫上下，红墙内外，都在传说："北大来请唐兰。"这消息确实使故宫革委会的头头们感到意外，他们奇怪像这样的一块"朽木"，居然还有人来请？又一想既然北大想要，想必有用，于是决定不放；遂命唐兰不要再回农场去了，在家等候安排。时过不久，即派他参加马王堆出土帛书的整理工作去了。北大虽未去成，则劳改就此结束，亦是好事。

（摘编自张世林编《学林往事》中高明撰《唐立庵先生与中国古文字学》）

父亲郑鹤声对我的教导

　　我父亲郑鹤声是历史学家，一生都在钻研学问和著述，从他识字时起，一直到晚年都没有离开过读书和写作。潜心学术使他对"社会"不是很了解，因不谙世故，吃过不少苦头，也做出过一些常人难以理解的事情。这通过我治学中的一些经历可以看出来。我还是一名初中生时，他便刻意于史学方面对我进行培养教育，使我在上学之余读了一些历史及社科方面的书籍。"文化大革命"开始不久，学校停课了，同学们在社会上"放羊"了，书本被抛到了一边。父亲刚开始听到"文化大革命"这个新名词时，还以为这场运动是要多办几所大学，多造几座图书馆以促进文化大发展呢，没料到是恰恰相反。学校的课桌椅和玻璃窗大多被砸坏，图书馆全都关了门，社会上喊得最响的是"知识越多越反动"这样一句口号。他虽然对此不能理解，却也不为其所左右，依旧手不释卷，笔耕不辍。对我也督促得更严了，不让刚读完高中一年级的我与同学们一起到社会上闲荡，而是指导我整天在家起早贪黑地编写《沙俄帝国东侵资料汇编》等书稿。

　　当时，我受青年时代马克思的影响，曾入迷般地钻研黑格尔哲学，想创立一种新的哲学体系，以期迅速改变中国"一穷二白"的落后面貌。他喜欢我这种"初生牛犊不怕虎"的闯劲，却不赞成我赶浪头、跟时髦的学风。由于我模仿黑格尔的语言写出的哲学文章晦涩难懂，他看过后戏称为"天书"，并与山东大学历史系一些教师谈论时，还带着开玩笑的口气说到此事。这一"不谙世故"之举竟招来一场横祸。事隔不久，山大校园里便贴出了大字报，说郑鹤声的儿子在家写了篇如何改造中国的反革命文章，郑鹤声大加赞赏，连连称之为"天书"。接下来，山大专门就此成立了"专案组"，对父亲进行立案审查，逼迫他交待"反革命罪行"，一直将老人折腾了数月，直至拳脚相向，最终不了了之。

尽管父亲在学校接受审查时受尽皮肉和精神上的折磨，然而回到家里，在我面前却装成跟什么也没有发生过似的，依然细心地询问我的自修情况，照旧不辞辛苦地帮我查找编写书稿所需资料。在鸡鸣时分，他常常悄悄地起床，第一件事就是检查我头天编写的情况。我在睡意蒙眬中，耳边听到老人家一页一页掀着稿纸的声音。我头天完成的篇幅越多，他老人家就越高兴，还称赞我几句；若是发现写得少了，则不免要训斥一番。与此同时，他自己也将内心的屈辱与痛苦化为发愤著述的动力，更加勤奋地读书写作。在那艰难的岁月里，我一次次望着他日渐削瘦的背影，知道他在以坚毅不屈的精神坚守着文化阵地，内心便受到莫大的鞭策和激励，也每天奋力编稿，力求使老人家天天满意。

1967 年的冬天，我报名上山下乡，在临走的头天晚上，他为我装满了一皮箱的书籍，让我带到乡下去读，继续编写书稿。

1978 年，我国恢复了招考研究生制度，当时我已由农村调回济南在一家小工厂当工人。这一消息使我和父亲极为振奋，在繁重的体力劳动之余，我认真复习，准备应考。皇天不负苦心人，这年的 8 月，我终于考上了中国科学院地理研究所历史地理专业研究生。记得那天我们正在吃午饭，录取通知书寄来了，父亲放下饭碗，将通知书拿在手上仔细地观看，竟忘了吃饭，然后一边用筷子敲打着饭盒，一边兴奋地喊道："考上了！考上了！"在这孩子般纯真情感的流露中，蕴含着他对我的多少年的期盼，也蕴含着他对自己的事业后继有人的多少愿望啊！

（摘编自张世林编《学林往事》中郑一钧撰《史学家郑鹤声教授治学述略》）

为人耿直、尊师爱生的刘节先生

　　刘节先生是我国著名的历史学家，早年曾入清华大学国学研究院，师从王国维、梁启超诸先生学习。新中国成立后入中山大学历史系执教，一生没有离开过那里。

　　刘节先生为人耿直，一向讲真话，不讲假话，言行一致。他常说："我所想的就是我所讲的，我所讲的也就是我所做的。"他不但在学术上从不隐讳自己的观点，即使对当时政治上搞的一些做法，他有想法也会直言不讳。如1958年所谓"大跃进"时，社会上出现不少的豪言壮语。什么"人有多大胆，地有多大产"、"奋战三年"甚至"苦战一年进入共产主义"。讲这些浮夸大话的人被称为意气风发而受到赞扬，而刘先生对此却不以为然，泼了冷水。有一次他谈到这种情况时，不无忧虑而带点幽默地说："这能说是意气风发？恐怕是有点意气发疯吧！"虽然大家对刘先生比较了解，没有过分为难他，但他仍不免受到指责和批评。

　　他同时又是一个尊师爱生的人。他对业师梁启超、王国维，不论在任何场合，凡是提到两位老师时，总是恭敬地称为任公先生和静安先生，这是我们大家经常听到的。陈寅恪先生在中大，刘先生也是待以师礼。"文革"期间有造反派要批斗陈寅老，他听说后挺身而出，声称愿代替老师挨批斗。而对于在政治运动中写文章批判过他的一位学生，他不以为忤，当该学生毕业时，他主动到党委反映意见，要求学校把该同学留下来，说这位学生将来必成大器。果不其然，后来这位同学成了中山大学的名教授、国内外同行中的知名学者。这反映了先生不仅慧眼识人，更表现出了一个大学者的气度。

（摘编自张世林编《学林往事》中李锦全撰《刘节先生生平及其治学述略》）

"为社会服务"的魏建功先生

解放以前，父亲魏建功常对我们说："一个人学了知识，要用来为社会服务，为社会做一点事。"新中国成立后有了"为人民服务"的口号，他的"为社会服务"不说了，精神则是相通的。

父亲一生，从国家、民族需要的高度出发，本着"为社会服务"的精神，做了几桩很有意义、令人难忘的好事。

一、赴台湾推广国语普通话

抗战胜利后，台湾回归祖国，父亲被"借调"赴台，任"台湾省国语推行委员会"主任委员，主持推行国语普通话的工作。此前的台湾，经过日本人五十年殖民统治强制推行日文、日语，社会上层各界人士和知识分子中，老一辈人虽还使用台湾话，但已经掺入不少日本语的语汇和语法。中年人只是在家里还说说台湾话，公开场合大都说日语，看日文书，写日本文。最严重的是少年人群，相当一部分人连台湾话都不大会说了，甚至思维也是用的日本语。所以在台湾推行国语，具有铲除日本殖民统治残余、恢复中华民族传统语言文化的"文化光复"的重大意义。虽然光复以后，台湾同胞学习国语的热情很高，但方法上仍沿袭着日本人以假名拼音再硬抠四声的办法。这种方法实际是走弯路，用学外语的方法学自己的母语，本身就是一种"殖民残余"。父亲以其语言文字学家的深厚学养及多年从事国语运动的经验，很快就敏锐地发现了这个问题。他提出了台湾省国语运动的六条纲领：大力提倡台湾话复原，掌握台湾方言对照普通话的规律学习国语；提倡用国音读字，由台湾话读书音引渡到国音……他根据语言学的科学原理，针对当时实际，撰写了《国语运动纲领》、《国语的四大涵义》、《怎样从台湾话学习国语》、《日本人传讹了我们的音》等文章，对在台湾推行国语的意义、方针、方法进行深入浅出的宣传阐述。在具体工作上，他着眼未来，紧紧抓住对小学生的国语教育。利用现代传媒，设专人每天用标准"国语"通过广播电台辅导全省小学教员备课。同时大力提倡兴办各种形式的"国语学习班"；设立"国语示范推行所"；从大陆招聘"国语推行员"分派台省各地的"民众教育馆"，协助当地开展工作；在台湾大学设国语专修科培养后续人才；最后在完成专业传媒《国语日报》的创办后，于1948年年底回到母校北京大学。经过他的筚路蓝缕和后继者的继续努力，终于从语言文字上齐根铲除了日本侵略者五十年殖民统治强制推行日文日语的影响，同时也实现了普通话的大普及。在台湾推行国语的成功，是我国现代语文运动史上的一件大事。

二、主持编写《新华字典》

为了便利广大人民群众学习文化，父亲十分重视语文工具书的编纂。他深感旧字典、辞书脱离人民大众的语言实际，释义上又缺乏语文科学分析，弊病很多，立意要为中等文化程度的人编写一部符合语言科学原理、规范化的新型工具书。经过与有关专家学者的讨论，一部新型字典的蓝图在他心中形成了。1950年4月，他写出了《编辑字典计划》，包括了他设想中的这部字典应该具有的十大特色。

1950年7月，父亲应出版总署叶圣陶副署长的邀请，牵头组建"新华辞书社"并兼社长，主持编写《新华字典》的工作。他把原来设想的"十大特色"进一步归纳为"以音统字，以字统义，以义统词"作为《新华字典》编写的"总体例"。经过三年的努力，《新华字典》第一版于1953年出版发行。这是一部非常有特色的字典：一是它十分规范，在汉字形、音、义乃至行文标点、附录等各方面都和国家的语文政策和最新标准保持一致；二是它十分科学，每一个注解每一个释义都经过反复推敲，力求严密准确通俗。不仅中等文化程度的人可以使用，专家学者也可以作研究用；三是它十分实用，不仅可当字典查，在一定意义上还可当词典用。且十分便于检索，做到了原设想"能说汉语，会正确发音，就能在这本字典里找到相应的字"，消除了"文字障"。出版以来，深受海内外广大读者的欢迎。在我国已经影响了几代人，尤其是中小学生，可谓人手一册，在传播知识、普及文化以及推广普通话方面作出了重大贡献。

三、开办北大中文系古典文献专业

1958年国务院科学规划委员会召开的"古籍整理出版规划小组"成立座谈会上，与会人员提出了由教育部在北大开设一个有关古籍整理的专业学系的建议。翌年6月北大校方召集哲学、历史、中文三个系的部分老教师座谈，讨论专业设置和名称、规模、课程内容等多方面的问题。最后大家一致同意采纳翦伯赞先生的提议，就叫"古典文献专业"；多数人主张建制就设在中文系。7月份北大决定与中华书局合办古典文献专业。周培源先生代表学校找父亲谈话，要他出任中文系副主任兼古典文献研究室主任。父亲认为这是国家十分需要的一个专业，欣然接受了任务，开始筹建我国第一个培养新型的整理研究古典文献人才的学科专业。1959 年秋古典文献专业正式成立，父亲兴奋地提出要把专业办成"文教战线上的大庆"！教研室初建时共五人，除父亲外都是二十几岁的年轻人。为了提高青年教师的业务素质，父亲亲自给他们"补课"，每周讲一次《说文》；还请了王重民老教授等来"补课"。开学以后，中华书局总编辑金灿然先生亲自前来"蹲点"，许多名家耆宿也亲自给专业的学生授课，如游国恩先生的中国文学史、林焘与朱德熙先生的现代汉语、冯友兰先生的中国哲学史资料学、邓广铭先生的辽宋史、王重民先生的中国目录学、陆宗达先生的《说文解字》研究等等。父亲还亲自出马延请校内外名流如郭沫若、顾颉刚、吴晗、唐兰、老舍、商承祚、侯仁之、启功等作专题讲演以开拓学生视野。古典文献专业第一批招生三十人，几十年来为国家培养了大批的专业人才，为继承祖国灿烂的文化遗产作出了不可磨灭的贡献。

（摘编自张世林编《学林往事》中魏至撰《君子以果行育德——记魏建功先生的治学与为人》）

雷海宗被划为"右派"的起因

　　1957 年春全国开始助党整风运动，知识分子展开了"鸣"、"放"活动。南开大学历史系教授雷海宗在 4 月间先后参加了两次关于"百家争鸣"的座谈会，主要谈发展社会科学问题。他认为中国的社会科学，无论是新中国成立前或新中国成立后都很薄弱。社会科学是随资本主义产生而产生的，是到资本主义社会才成为一种严格的真正的科学。中国的社会科学没有资本主义的阶段，因为中国历史上没有经历资本主义。马克思、恩格斯是在资产阶级社会科学的基础上，用新方法和新观点为无产阶级建立了新的社会科学。"对马克思和恩格斯树立的新的社会科学的看法，大家在理论上是一致的，承认马列主义应该发展，可是实际上是停止了发展，还停留在恩格斯死时 1895 年的地方。1895 年以后，列宁、斯大林在个别问题上有新的提法，但他们主要谈当前革命问题。从了解整理几千年来人类历史经验，建立新的社会科学来说，基本上停留在 1895 年，教条主义者就是这样。马克思、恩格斯平生也是经常修改他们的学说，他们注意到当时每一个社会科学部门的发展情况，掌握社会科学研究的材料和成果。可是以后人们就认为他们已解决了一切问题，社会科学不能再发展了。事实上并不如此，1895 年以后社会科学上新材料很多，对旧材料有很多新的认识。我们今天的任务，就是要把 1895 年到今天六十二年（1957 年）的课补上。这不是哪一个个人的问题，而是整个社会主义阵营的问题，工作艰巨得很。"《人民日报》在 1957 年 4 月21 日和 22 日刊载了"天津教授们关于'百家争鸣'座谈会上的发言"（包括雷海宗的发言）时加了编者按和编者注，指出："雷先生认为列宁对于马克思主义只是'在个别问题上有新的提法'，马克思主义'基本上停留在 1895 年'，这却是违反了事实。马克思主义的社会科学，这是说马克思主义关于社会发展的基本理论，而不是说关于个别事实的个别判断。列宁正是在社会科学的一系列基本理论方面，首先是关于帝国主义，关于无产阶级革命和无产阶级专政，关于社会主义建设等基本理论方面，向前发展了马克思主义……我们中国共产党人……也使马克思列宁主义得到了新的发展，因而能够在中国实现民主主义革命和社会主义革命。这些都是人所共知的。而雷先生所说的关于六十二年来古代史的发现，却只是涉及马克思、恩格斯著作中的个别论断。"

雷海宗在看到《人民日报》的编者注后，马上复信说明："我对于'注'中的话完全同意，我也是认为最近六十二年来，结合革命运动的发展，马克思主义是不断地在发展的，我只是愿意提出过度忽视了最近六十二年以前的人类历史几千年的经验教训的进一步研究。我的谈话中'1895 年以后，列宁、斯大林在个别问题上有新的提法，但他们主要谈当前革命问题'，下半句就是指的像列宁关于无产阶级革命和无产阶级专政一类的理论，上半句'个别问题上有新的提法'即指像列宁对于封建社会所下的更清楚的定义之类。这后者只是'个别的'，而不是'主要的'，他们对于过去的人类经验没有时间多去谈论，只能在极'个别的问题上'说几句话，他们谈的有分量的话'主要的'是有关当前革命的问题，而我们一般社会科学工作者对于马克思、恩格斯所树立的结合过去几千年人类经验的社会科学部分又不肯体会马克思思想的精神实质去进一步深入地研究，使社会科学的这一部分一直处在停滞状态之中。"雷海宗在信中进一步说自己的这个意思，在谈话中没有说清楚，是因为想避免不必要地重复半个月前另一个会上的主旨相同的发言。该发言对这层意思有较清楚的表述："恩格斯死在1895年，到现在已六十二年，在这六十二年之间，各国工人运动和社会主义革命运动，积累了很多的革命经验，丰富了马克思主义；就中国最近的情形而论，我们党的两篇论无产阶级专政的文章和毛主席方才提出的如何处理人民内部矛盾的报告，都是这方面的突出贡献。在这一方面，马克思主义是一直不停地在发展的，新的社会科学是不断地在增加内容的。但社会科学还有另外一面。在这另外一面，在不断深入地、日渐具体地总结人类全部历史进程中的经验教训这一方面，这六十年来是几乎完全处在停滞状态之中。"

由此可见，雷先生的讲话重点在全面论说，不能片面观之。

1957年的6月中旬，全国开始了反右派斗争运动，但到7月中下旬运动初步告一段落时，雷先生还未被触及。直至8月，康生在北京的一次会上点名批判了雷海宗，南开大学历史系才紧急召开了批判雷海宗的会议。这年的秋天，雷海宗被错划为"右派"。

（摘编自张世林编《学林往事》中王敦书撰《声音如雷，学问如海，史学之宗——忆雷海宗师》）

冯至先生一生的三大憾事

　　冯至先生学识渊博，著作等身，却胸怀坦荡，毫不隐晦自己的缺点和失误，常常进行自我反思。他多次同我们说过，他一生有三大憾事：他主持编写的《德国文学简史》、他主编的《中国大百科全书·外国文学卷》以及反右时写了批判诗人艾青的文章。关于《德国文学简史》，他认为当时是在"大跃进"的形势下，在很短时间内突击编写出来的，很粗糙，带着"左"的色彩，对一些问题的论述和作家作品的评论存在不少问题，对20世纪德国文学写得太少，对战后联邦德国文学仅有的一点儿叙述，主导观点还是错误的，以致1992年外文所着手编辑《冯至先生纪念论文集》时，先生不愿意把1958年主编《德国文学简史》的事写入他的年谱，经过许多"说服"工作，他的年谱上才没有出现1958年的空白。至于《中国大百科全书·外国文学卷》，那是在"文革"刚结束不久的时候开始编写的，"左"的思潮还没有得到彻底清算，加上资料匮乏——这些在当时条件下无法逾越的障碍，使得书中留下了许多缺憾。尽管有这些缺憾，但是客观地来看，在很长时间里没有别的德国文学史著作的情况下，《德国文学简史》是了解德国文学的唯一参考书；《中国大百科全书·外国文学卷》至今仍是了解外国文学的主要工具书。至于冯先生的第三个遗憾，说明他的思想认识随着时代的进步在不断提高，冯先生写批判文章并非出于私心，对这件事应辩证地、历史地看待。冯先生对自己当时写的文章能时时进行反思，这是难能可贵的。后来冯至和艾青两位诗人仍旧相互敬重，在新时期，在不同场合、不同活动中曾多次相聚。这不是他们两人"捐弃前嫌"，因为他们之间本来就没有芥蒂，而是两人都有博大的胸怀。后来冯至先生还在艾青作品国际讨论会上发言，对艾青的作品给予了高度的评价。

（摘编自张世林编《学林往事》中韩耀成撰《"向着新的故乡飞去"——作为诗人、学者、教育家的冯至》）

更方便的购书方式：

方法一：登录网站http：//www.zhipinbook.com联系我们；

方法二：可直接邮政汇款至：北京市西城区北三环中路甲六号出版创意大厦七层

　　　　　　收款人：吕先明　　　　　邮编：100120

方法三：银行汇款：中国农业银行北京市朝阳路北支行

　　　　　　账号：622 848 0010 5184 15012 收款人：吕先明

注：如果您采用邮购方式订购，请务必附上您的详细地址、邮编、电话、收货人及所订书目等信息，款到发书。我们将在邮局以印刷品的方式发货，免邮费，如需挂号每单另付3元，发货7-15日可到。

　　请咨询电话：010-58572701　（9：00-17：30，周日休息）

　　网站链接：http：//www.zhipinbook.com